JEAN CHEVALIER
DOCTEUR ÈS SCIENCES JURIDIQUES
DOCTEUR ÈS SCIENCES POLITIQUES ET ÉCONOMIQUES

LA RESPONSABILITÉ DES AUTOMOBILISTES ET LA JURISPRUDENCE RÉCENTE

PARIS
LIBRAIRIE DALLOZ
11, RUE SOUFFLOT, 11

1926

LA RESPONSABILITÉ
DES AUTOMOBILISTES
ET LA
JURISPRUDENCE RÉCENTE

Jean CHEVALIER

DOCTEUR ÈS SCIENCES JURIDIQUES
DOCTEUR ÈS SCIENCES POLITIQUES ET ÉCONOMIQUES

LA RESPONSABILITÉ DES AUTOMOBILISTES ET LA JURISPRUDENCE RÉCENTE

PARIS
LIBRAIRIE DALLOZ
11, RUE SOUFFLOT, 11

1926

INTRODUCTION

L'arrêt de la Chambre Civile du 29 juillet 1924 a attiré de nouveau l'attention sur la responsabilité des automobilistes en cas d'accidents. Cette question, qui avait été amplement débattue avant la guerre, reprend après un assez long sommeil un caractère d'actualité et cela à un double titre. D'une part, l'application de l'article 1384 § 1er aux automobiles en mouvement marque le développement logique d'une évolution curieuse et significative de la jurisprudence moderne en matière de responsabilité du fait des choses en général, évolution qui se poursuit depuis plus d'une trentaine d'années et dont la décision rapportée, paraît bien constituer une des étapes les plus récentes. Par ailleurs, du point de vue plus spécial de l'automobile cette décision dénote un effort intéressant de notre jurisprudence en vue de rechercher, à défaut d'une situation légale, les bases d'un nouvel état d'équilibre qui donne satisfaction aux divers intérêts en présence. Le développement du machinisme dans nos sociétés contemporaines a créé des situations nouvelles inconnues du législateur de notre Code civil. La jurisprudence, dans la mesure où le lui permettent les textes et la technique, cherche à satisfaire aux nécessités juridiques qui se font jour.

Dans cette tâche il lui est même possible d'arriver à des solutions plus harmonieuses que celles fournies par les textes les mieux étudiés, qui ne sont pas pour cela à l'abri des controverses et des interprétations les plus diverses. Au contact des réalités, la jurisprudence, plus souple, est peut-être mieux à même, parfois, de donner des solutions acceptables aux questions les plus délicates, où se heurtent des intérêts importants et d'égale valeur.

En matière d'accidents d'automobiles, ce rôle est particulièrement mis en lumière par la jurisprudence, qui dans ces dernières années s'est élaborée ou s'élabore.

Il nous a paru intéressant d'en dégager les lignes générales, d'étudier les points essentiels où elle s'est manifestée d'une manière significative et ce faisant, peut-être, arriverons-nous à montrer que le problème de la responsabilité des automobilistes ne serait pas loin de pouvoir trouver enfin une solution.

A cet effet, notre étude sera divisée en cinq chapitres :

I. — La responsabilité des automobilistes en jurisprudence, en doctrine et en législation avant la guerre.

II. — La jurisprudence récente en matière d'accidents d'automobiles.

III. — L'application de l'article 1384 aux accidents d'automobiles.

IV. — Influence sur l'action civile en dommages-intérêts de la sentence rendue au Criminel.

V. — L'assurance en matière d'accidents d'automobiles. Projets de réformes. Action directe de la victime contre l'assureur.

LA RESPONSABILITÉ DES AUTOMOBILISTES ET LA JURISPRUDENCE RÉCENTE

CHAPITRE PREMIER

LA RESPONSABILITÉ DES AUTOMOBILISTES EN JURISPRUDENCE, EN DOCTRINE ET EN LÉGISLATION AVANT LA GUERRE

La question de la responsabilité en matière d'accidents d'automobile a donné lieu à de nombreuses controverses et à une abondante littérature. Depuis une trentaine d'années que ce mode de transport est entré dans le domaine de la pratique, de nombreux auteurs, sans parler des publicistes, se sont préoccupés d'un problème qui offrait un grand intérêt à plus d'un point de vue. Points de vue économique, juridique, social, ont été successivement abordés et il n'est pas à l'heure actuelle un seul détail qui soit resté dans l'ombre.

Quand on étudie les travaux qui ont été faits sur la responsabilité des automobilistes on est frappé du nombre des publications qui virent le jour à partir de l'année 1907. C'est en effet l'époque où fut élaboré et discuté le fameux projet de la Société d'Etudes législatives, qui fit l'objet d'un remarquable et célèbre rapport de M. Ambroise Colin, alors professeur à la Faculté de Droit de Paris (1). C'est ce projet, peut-on dire, et son rapport qui sont à l'origine et constituent le point de départ de la plupart des travaux parus entre les années 1907 et 1914. Un grand nombre de thèses de droit, tant à Paris qu'en Province, eurent pour sujet la responsabilité des automobilistes. Nous mentionnons en note certaines d'entre elles sans avoir la prétention d'être complet (2).

Par ailleurs dans diverses revues parurent des articles très documentés et dans les recueils d'arrêts des commentaires et des observations intéressantes (3).

Au seuil de cette étude, il n'est pas sans intérêt de chercher à préciser la position de la question telle qu'elle se dégageait alors de la jurisprudence et de la doctrine. Cette recherche nous permettra de mieux situer notre propre contribution, tout en lui fournissant une base et un point de départ précis.

1. *Bulletin de la Société d'études législatives* 1907, nos 3, 4, 5, 6.

2. Arnette, th. Paris, 1908, H. Rolland, th. Paris, 1908; Gaudillot, th. Paris, 1911 ; Poidebard, th. Paris, 1913 ; Dupont, th. Caen, 1910 ; Pierron, th. Montpellier, 1909.

3. Wahl, *La responsabilité civile relative aux accidents d'automobiles* (*Rev. Trim. de Dr. Civil*, année 1908) ; Colin, *L'automobile et la loi* (*Rev. Parl.*, janv. 1908) ; Dupuich, *id.* (*Rev. parl.*, 1908, p. 309.)

Ce nouveau mode de locomotion, qui augmentait de façon appréciable les usagers de la route, n'avait pas tardé à attirer l'attention par le nombre considérable d'accidents, auxquels son usage donnait lieu. Si l'on considère : d'une part, qu'au début de l'automobile, ce moyen de transport était particulièrement coûteux et par suite à la disposition seulement des gens fortunés ; que d'autre part, il se présentait avant tout, dans l'esprit du monde et en particulier de ceux qui y avaient recours, comme un moyen de se procurer plaisirs et distractions, on comprend aisément que la cause des automobilistes se trouvait défavorablement influencée quand se posait la question de leur responsabilité. De là à trouver naturel et équitable un régime spécial de responsabilité pour cette caste spéciale, il n'y avait qu'un pas. Bien que les protagonistes de cette idée se défendissent de toute animosité à l'égard de l'industrie automobile naissante, dont ils appréciaient l'intérêt au point de vue économique et national, ce en quoi ils étaient parfaitement sincères, ils n'en manifestaient pas moins une certaine suspicion à l'égard des détenteurs d'engins, qui s'avéraient en maintes circonstances comme particulièrement dangereux. L'opinion publique, dressée contre les exploits de chauffeurs sans scrupules, voyait dans une législation spéciale le remède à leurs exactions de tous genres.

§ 1er. — La jurisprudence

Cependant, en matière de responsabilité des automobilistes, la jurisprudence avait montré dès l'origine une tendance à appliquer, d'une manière particulièrement ferme et énergique, les textes dont elle disposait. Mais les résultats paraissaient loin d'être satisfaisants au point de vue de l'équité et de la justice. Dans toutes les espèces qui lui étaient soumises, elle se trouvait dans la nécessité de s'appuyer sur l'article 1382 du Code civil, qui exige la preuve par la victime d'une faute à la charge de l'auteur de l'accident. Presque tous les arrêts et jugements auxquels donnaient lieu les accidents d'automobiles, subordonnaient la responsabilité des conducteurs à l'existence d'une faute ou d'une négligence commise par eux. Sans doute, dans l'admission de cette preuve par la victime, les tribunaux se montraient particulièrement conciliants, mais celle-ci était souvent difficile à rapporter, vu les circonstances de la cause. Aussi la jurisprudence fit de grands efforts pour assouplir la notion de faute. Dans cette voie elle alla jusqu'au point où celle-ci n'apparaît presque plus, ou du moins ne saurait être établie au moyen de la logique la plus osée. Ne pouvant dès lors la définir suffisamment avec les procédés ordinaires, elle n'hésita pas à avoir recours à l'artifice des présomptions de l'homme (art. 1353 du C. civ.), méthode qu'en doctrine on lui recommandait (1). Mais là encore, il était nécessaire d'apporter un certain nombre de faits ou d'arguments capables de donner corps à une présomption et cette condition n'était pas souvent plus facile à remplir que de rapporter une preuve définitive. C'est pourquoi certains arrêts ne s'en contentèrent point et voulurent trouver dans les textes une présomption légale de faute, dont le principal mérite résidait dans le renversement de la preuve au bénéfice de la victime. Ces arrêts s'inspiraient de récentes sentences qui étaient intervenues en matière de responsabilité des choses inanimées, lesquelles appliquaient le paragraphe 1er de l'article 1384 du Code civil et en tiraient une présomption de faute à la charge du gardien de la chose. Mais les quelques décisions qui crurent devoir se rallier à cette manière de voir en matière d'accidents d'automobiles, furent très restreintes et demeurèrent tout à fait isolées.

La théorie de la présomption de faute dans la responsabilité du fait des choses, en effet, n'était pas établie d'une façon définitive. Les arrêts importants datent du 22 janvier et du 25 mars 1908 et il faut arriver au 19 janvier 1914 pour trouver une construction juridique nettement déterminée dans ses modalités et ses limites (2). L'application de l'article 1384, § 1er du Code civil à la responsabilité des automobilistes, condamnée par certains doctrinaires,

1. Esmein, Notes au Sirey, S. 1900.2.57; S. 1910.1.17.
2. D. P. 1908.1.217; D. P. 1909.1.73; D. P. 1914.1.128.

ne paraît avoir été à cette époque qu'un fait purement local et accidentel (1).

§ 2. — La doctrine

Cette jurisprudence, critiquée par les uns, qui l'accusaient d'être trop favorable aux automobilistes; par les autres, qui ne la trouvaient pas assez rigoureuse dans la répression, ne donnait en définitive satisfaction à personne. De l'avis de la grande majorité de la doctrine, la responsabilité basée uniquement sur l'article 1382 du Code civil ne pouvait satisfaire les idées d'équité. A cette situation il importait donc d'apporter des remèdes et les méthodes préconisées furent nombreuses. On peut, nous semble-t-il, ranger, dans une analyse succincte, les divers points de vue en trois groupes principaux. Dans le premier se rencontrent les auteurs qui, après une étude attentive de la jurisprudence, furent cependant conduits à reconnaître, qu'en dépit de ses imperfections non niables, celle-ci était arrivée, en se basant sur l'article 1382 et surtout sur les dispositions réglementant la circulation, à donner, dans une mesure appréciable, satisfaction aux divers intérêts en présence. Dès lors, à leur avis, une seule condition était nécessaire pour parachever l'œuvre ainsi commencée : établir un code de la circulation où seront

1. Sainctelette, *Responsabilité des propriétaires et conducteurs d'automobiles*, 1908, p. 6.

minutieusement prescrites toutes les dispositions susceptibles de prévenir les accidents. Si ceux-ci, malgré tout, se réalisaient, il serait alors facile d'établir la violation d'un règlement par l'une ou l'autre partie, la preuve de la faute en découlerait automatiquement, l'application de l'article 1382 du Code civil ne souffrirait aucune difficulté et donnerait en toutes circonstances une répression justifiée (1). Ce système cherchait en définitive à agrandir le champ de l'article 1382 grâce à une détermination plus large et en même temps plus précise de la faute, ce qui en aurait facilité la preuve en justice.

Ce programme constituait le programme minimum, celui adopté par tous les auteurs sans distinction. Mais pour la majorité d'entre eux, celui-ci ne pouvait suffire. Sans doute une réglementation très minutieuse et précise de la circulation des divers véhicules et des piétons permettrait de mieux caractériser les cas où il y a eu faute, de déterminer quel en est l'auteur, partant le responsable. Ce faisant l'admission de la preuve, en maintes circonstances, serait rendue plus commode. Toutefois, et l'expérience le prouvait, ce résultat ne pouvait être entièrement satisfaisant, car de l'étude des arrêts résultait clairement qu'il y avait des espèces où la preuve de la faute ne pouvait être rapportée avec toute la précision désirable pour donner lieu à l'application de l'article 1382 du Code civil. Or il ne faut pas

1. Arnette, th. Paris, 1908; H. Rolland, th. Paris, 1909.

oublier que l'automobiliste, sous le régime de la responsabilité fondée sur l'article 1382 du Code civil, est favorisé en comparaison de sa victime. On faisait observer, en effet, que d'une façon générale, celui-ci se trouve dans une situation sociale et surtout pécuniaire supérieure à sa victime et possède ainsi les moyens de se mieux défendre dans l'instance qui sera engagée; qu'au surplus, c'est lui qui en mettant dans la circulation un engin dangereux a créé un risque d'accident, qu'en tout cas, il en bénéficie et en tire profit et que dès lors il serait juste et logique en conformité de l'adage : *Ubi emolumentum ibi onus* de lui faire supporter la charge de la preuve.

Ces raisons parurent déterminantes à nombre d'auteurs qui estimèrent nécessaire le renversement de la preuve au bénéfice de la victime. Mais sur la manière dont ce renversement de la preuve pourrait être obtenu nous nous trouvons en présence de deux conceptions. Dans la première : on inclinait à admettre qu'il serait facile d'arriver au résultat visé grâce à une interprétation jurisprudentielle extensive de l'article 1384 § 1er du Code civil. Cette opinion s'appuyait sur l'évolution remarquable et symptomatique suivie par la jurisprudence depuis 1870 en matière de responsabilité des choses inanimées. Résumée dans ses grandes lignes, cette jurisprudence, dont nous aurons d'ailleurs à nous préoccuper dans la suite de nos développements, tendait à abandonner l'article 1382, comme fondement de la responsabilité en matière du fait des choses, pour lui substituer le paragraphe 1er de l'article 1384 du Code civil ainsi conçu : « On est responsable non seulement du dommage que l'on cause par son propre fait, mais encore de celui qui est causé par le fait des personnes dont on doit répondre, ou des choses que l'on a sous sa garde. » Après avoir oscillé entre diverses tendances, vers 1908, la jurisprudence était arrivée en matière d'accident provoqué par une chose inanimée à interpréter ce paragraphe comme créant une présomption de faute à l'égard du gardien et à faire en conséquence peser sur lui la charge de la preuve (1) (Req. 23 janvier 1908 et 25 mars 1908, déjà cité). De là à appliquer cette nouvelle solution aux accidents provoqués par les automobiles il n'y avait qu'un pas, et celui-ci de l'avis de nos auteurs pouvait être aisément franchi (2). Nul besoin de texte législatif, il suffisait que la jurisprudence poussât jusqu'à ses conséquences logiques sa nouvelle attitude et la responsabilité des automobilistes aurait trouvé du même coup sa solution élégante et satisfaisante. On ne donnerait pas l'impression de traiter une catégorie de citoyens, les automobilistes, autrement que les autres usagers de la route.

Mais cette manière de voir n'était cependant pas partagée par d'autres écrivains, qui déclaraient que quelle que fût l'opinion que l'on pouvait avoir sur

1. Colin et Capitant, *Cours élémentaire de Droit civil*, 5e édition, t. II, p. 402.
2. Pierron, th. 6 *op. cit.*

le sens et la portée de l'article 1384, on devait reconnaître que, dans l'hypothèse d'un accident d'automobile ou de bicyclette, cet article était absolument inapplicable et que seul l'article 1382 régissait la responsabilité encourue (1). Les tribunaux avaient tiré de cet article tout ce qui pouvait en être tiré et suppléé dans une très large mesure à l'absence d'une législation appropriée. Toutefois ils ne sauraient la remplacer. Une législation en la matière leur paraissait indispensable, qui vise d'une manière formelle la responsabilité des conducteurs et introduise dans les textes le système de la faute présumée avec toutes ses conséquences.

Ce résultat bien qu'appréciable, ne donnait pas encore satisfaction à tous. Des auteurs sont allés beaucoup plus loin. S'inspirant de nouvelles théories sur la responsabilité délictuelle qui tendaient à substituer au système de la responsabilité subjective celui de la responsabilité objective, en vertu de laquelle « un individu serait toujours responsable des suites préjudiciables pour autrui des actes qu'il a accomplis » (2), ils proposaient d'introduire en législation la notion du risque de propriété, seule mesure susceptible d'assurer l'équité en matière d'accidents d'automobile. « Du moment que la circulation des automobiles, écrivait M. Wahl dans son article de la *Revue Trimestrielle,* constitue un danger nouveau, que les routes n'ont pas été faites

1. Dupont, *op. cit.*
2. Colin et Capitant, *op. cit.*, p. 367.

pour cette circulation, que les piétons et les voitures avaient jusqu'à présent l'usage exclusif de la voirie, il est juste que ceux qui revendiquent cet usage pour des véhicules nouveaux et particulièrement dangereux soient tenus de réparer les dommages résultant de faits contre lesquels personne n'avait à se prémunir (1). » Donc, à son avis, il était équitable que le propriétaire fût en principe déclaré responsable de tout accident causé par son véhicule. Même son de cloche chez M. Gaudillot : « Il est temps de réformer la législation existante en matière d'accidents d'automobiles. Il importe que cette réforme ait sa base non plus dans l'idée de faute subjective, mais dans celle du risque créé (2). » Ainsi dans l'opinion de ces auteurs la solution nécessaire devait tendre à la substitution de la responsabilité résultant du risque créé par la propriété, à la responsabilité issue de la faute aquilienne. Ce système avait pour principale conséquence le renversement de la preuve, la charge en incombant désormais non à la victime mais au propriétaire de la chose, qui ne pouvait s'exonérer : ni en prouvant qu'il n'avait commis aucune faute, ni que l'accident était dû à un cas fortuit. En fait il était responsable dans toutes les hypothèses hormis le cas de force majeure.

Ce régime était à peu de chose près celui que proposait le projet de la Société d'Etudes législatives

1. Wahl, *op. cit.*, p. 24.
2. Gaudillot, *op. cit.*, p. 323.

et le rapport de M. A. Colin. Toutefois dans ce projet le propriétaire de l'automobile pouvait s'affranchir de sa responsabilité en établissant une faute grave de la victime. Il n'en restait pas moins que la situation de cette dernière était dans une certaine mesure privilégiée. Aucun des systèmes que nous avons précédemment examinés n'était allé aussi loin dans la voie d'une protection efficace. Ce résultat appréciable était d'ailleurs renforcé à un autre point de vue. Les rédacteurs du projet ayant examiné le problème dans son ensemble avaient été conduits à lui donner une solution complète. Dans une première partie, ainsi que nous venons de le voir, ils avaient cherché à apporter aux principes régissant la responsabilité en Droit français, du moins dans la matière qui nous occupe, des modifications susceptibles d'assurer la reconnaissance facile du droit à réparation de la victime. Mais cette seule réforme n'eut constitué qu'une demi-mesure. A quoi bon, en effet, faciliter la reconnaissance du droit à réparation, si celui-ci, dans la réalité, devait demeurer purement platonique, soit par suite de l'insolvabilité du débiteur, soit qu'il soit resté inconnu? Il était donc nécessaire pour parfaire l'œuvre commencée de protéger la victime contre ces deux risques assez fréquents. C'est ce que cherchait à réaliser le projet en créant un fonds de garantie qui aurait permis de payer à la victime, dans ces diverses hypothèses, l'indemnité qui lui serait allouée (1). En somme, ainsi qu'on

1. Sur le fonds de garantie, comp. ci-après chapitre V.

peut le constater, on voulait introduire, en matière d'accidents d'automobiles, un régime quelque peu analogue à celui qu'avait instauré pour les accidents du travail la loi du 9 avril 1898. Les points de ressemblances entre les deux régimes sont nombreux, car dans l'un et l'autre cas, le but poursuivi était le même.

§ 3. — La législation

Nous croyons avoir analysé sommairement, mais dans leurs lignes essentielles, les principales tendances, qui se manifestèrent alors sur le terrain de la réparation du préjudice causé. Pour être complet nous mentionnerons qu'à côté de ce point de vue, d'ailleurs le plus important, les différents auteurs examinèrent aussi le point de vue de la répression pénale. Dans ce domaine les tribunaux disposaient en tout et pour tout des articles 319 et 320 du Code pénal. Ceux-ci dans nombre d'hypothèses s'avéraient insuffisants. Aussi la doctrine, ici dans sa presque unanimité, réclamait certaines mesures susceptibles de remédier à la situation existante. La plupart d'entre elles firent l'objet de propositions ou de projets de loi. C'est ainsi que nous mentionnerons, par ordre de date, la proposition Raynaud et Codet du 28 novembre 1906 en vue d'édicter le retrait du permis de conduire de l'auteur de l'accident et en outre la création d'un casier central automobiliste destiné à rendre plus facile les recherches et enquêtes.

Ces idées furent reprises à l'occasion d'une loi de finance, sous forme d'amendement, par M. Messimy le 8 décembre 1907. Enfin elles firent l'objet d'un projet de loi déposé le 12 mars 1908 par M. Barthou, alors ministre des Travaux publics.

Ces dispositions ne reçurent pas la consécration législative. Le seul texte qui fut voté fut la loi du 17 juillet 1908, instituant le délit de fuite en vertu duquel « Tout conducteur d'un véhicule quelconque, qui sachant que ce véhicule vient de causer ou d'occasionner un accident ne se sera pas arrêté et aura ainsi tenté d'échapper à la responsabilité pénale ou civile qu'il peut avoir encourue, sera puni de six jours à deux mois de prison et d'une amende de 16 à 300 francs sans préjudice des peines contre les crimes ou délits qui seraient joints à celui-ci. Dans le cas où il y aurait lieu en outre à l'application des articles 319 et 320 de Code pénal, les peines ci-dessus encourues seront portées au double. » La loi toutefois déclare « les dispositions de l'article 463 du Code pénal applicables au délit prouvé par elle ». Ce texte uniquement pénal fut la seule disposition d'ordre législatif édictée dans la période d'avant-guerre. Aucune réforme n'intervint en ce qui touche la question de la responsabilité civile, qui, indépendemment des discussions doctrinales, avait fait l'objet de projets particuliers : tel le projet de la Société d'Etudes législatives, que nous venons de voir, mais aussi de propositions parlementaires. Parmi ces dernières il convient de mentionner la proposition Besnard-Dauthie tendant à ajouter un alinéa à l'article 1386 du Code civil qui aurait visé la responsabilité des automobilistes. Enfin signalons une proposition Besnard destinée à faciliter l'accès des tribunaux aux victimes des accidents en ajoutant un alinéa à l'article 59 du Code de procédure. Mais là encore une réforme ne devait intervenir que beaucoup plus tard avec la loi du 26 novembre 1923 (1).

Ainsi au moment où survint la guerre le problème de la responsabilité des automobilistes restait entier. Les événements qui se succédèrent depuis août 1914 devaient lui faire subir une éclipse assez prolongée, les esprits étant tournés vers des sujets plus graves. D'autre part la circulation particulière des automobiles fut pendant la durée des hostilités singulièrement réduite par la mobilisation des véhicules pour l'armée et par diverses mesures restrictives. Le seul grand usager de la route fut l'autorité militaire, qui se servit dans des proportions insoupçonnées du nouveau mode de locomotion. Dès lors la question de la responsabilité des automobilistes était englobée dans celle plus générale de la responsabilité de l'Etat (2). Il était nécessaire de revenir à une période plus calme, pour qu'à nouveau puisse se poser sur le même terrain, mais peut-être sous un jour quelque peu différent, la responsabilité des automobilistes.

1. Comp. chapitre II, p. 27.

2. Comp. note de M. J. Appleton sous arrêt du Conseil d'Etat. D. P. 1925, 3, p. 9.

CHAPITRE II

LA JURISPRUDENCE RÉCENTE EN MATIÈRE D'ACCIDENTS D'AUTOMOBILES

§ 1er. — Considérations générales

La guerre, loin de diminuer, ainsi que nous le signalions à la fin du précédent chapitre, l'usage de l'automobile, ne fit au contraire que l'accroître. Vers la fin des hostilités l'emploi des camions automobiles, dont on s'était servi sur une grande échelle pour le transport et l'approvisionnement des troupes, devint une nécessité au négoce particulier pour le transport des marchandises. Une certaine désorganisation de nos grands réseaux de chemins de fer, due à des causes multiples, la rareté des animaux de trait, leur cherté, obligèrent le commerce et l'industrie à avoir recours aux automobiles pour assurer leur trafic.

Par ailleurs, le goût des déplacements, le désir d'user de la vie sous son côté le plus agréable, l'accroissement du bien-être dans certaines classes et aussi les perfectionnements multiples apportés dans la construction des automobiles, qui permirent la création de voitures dites « utilitaires » à des prix accessibles à de nouvelles couches d'acheteurs, toutes ces causes et bien d'autres encore peut-être, donnèrent une extension considérable au développement de la circulation automobile. Si nous consultons en effet les statistiques, celles-ci sont sur ce point particulièrement édifiantes.

Extrait de la statistique générale de la France
(40e Vol., 1924. Paris, 1925.)

ANNÉES	NOMBRE D'AUTOMOBILES en milliers
1920	237
1921	292
1922 (1)	373
1923	468

(1) Alsace-Lorraine comprise.

Ainsi en trois ans le nombre des automobiles a plus que doublé et ce nombre ne cesse de croître au point de provoquer dans certaines villes un embouteillage des rues. Ce résultat entraîne nécessairement un accroissement des accidents. Voici une statistique concernant Paris.

Relevé des accidents enregistrés par la Préfecture de Police pour les véhicules circulant dans Paris, années 1919 et 1920 (1).

Véhicules	Accidents mortels	Blessures	Accidents matériels	Totaux
Année 1919				
Autobus...........	6	140	782	928
Automobiles........	68	8.531	19.969	28.568
Année 1920				
Autobus..........	10	553	1.857	2.400
Motocycles, sidecars	5	352	438	795
Autos............	72	8.894	25.517	34.484

Pour la France, d'après une déclaration du ministre de l'Intérieur les accidents mortels survenus en 1924 étaient de 1.594. Cette situation n'est d'ailleurs pas spéciale à notre pays.

D'après des statistiques récentes les décès causés par les automobiles atteignaient aux Etats-Unis en 1922 le chiffre de 15.015, en 1923 ils dépassaient 18.211, en 1924 : 19.100 (2).

Ces chiffres montrent bien la gravité de la situation et plus encore qu'avant la guerre, la nécessité

1. *Annuaire statistique de la Ville de Paris.*
2. *Bulletin des Assurances,* année 1925, p. 24 et p. 69.

de solutions qui tendent d'une part à prévenir les accidents, d'autre part si ceux-ci se réalisent à assurer à la victime une réparation aisée du préjudice subi.

Depuis la guerre rien n'a été fait sérieusement en législation pour atteindre ces deux buts. Nous ne trouvons qu'une seule loi, loi concernant la procédure, mais qui fut votée en considération des accidents d'automobiles. La loi du 26 novembre 1923 décide qu'en cas de délit civil et de quasi-délit le tribunal compétent peut être, soit celui du domicile du défendeur, soit celui du lieu où le dommage s'est produit. Cette dérogation à la règle « actor sequitur forum rei » a été admise principalement dans l'intérêt des victimes d'automobiles. C'est là une réforme limitée dans ses effets.

A un autre point de vue certaines mesures ont été prises par voie de dispositions réglementaires, qui bien qu'indirectement, ont cependant pour conséquences de réduire les causes d'accidents. Nous voulons parler notamment des divers décrets rendus, en ces dernières années, en vue de réglementer la circulation des véhicules, principalement des automobiles. La plupart de ces dispositions réglementaires ont été reprises et remaniées dans un décret d'ensemble du 31 décembre 1922 dit « Code de la route », portant règlement général sur la police de la circulation et du roulage, décret qui a été modifié par un autre du 17 septembre 1925 (1). Si l'on ajoute à

1. Sur ce décret V. A. Blaisot, *Commentaire juridique et pratique du « Code de la Route. »*

cette réglementation celle édictée par les préfets ou les maires en vertu de leur pouvoir de police, on se trouve en présence d'un ensemble de textes dont l'application a pour effet, tout en mettant de l'ordre dans une circulation routière de plus en plus intense, de rendre plus facile la détermination précise des causes d'accidents et partant des chefs de responsabilité. C'est ce que montre l'étude de la jurisprudence, qui étaye, notamment, de nombreux jugements sur la violation de ces règlements et surtout du Code de la route (1). Il n'est pas douteux que cette réglementation rend plus facile la détermination de la faute par les précisions apportées dans les actes qui doivent être accomplis, les méthodes qui doivent être suivies, les mesures qui doivent être observées. Toute violation d'une prescription de ces règlements, notamment du Code de la route, entraîne la responsabilité en quelque sorte automatique du conducteur. Cette conséquence est d'autant plus remarquable qu'elle conduit actuellement le législateur à introduire dans notre législation le principe d'amendes forfaitaires qui seraient perçues par l'agent verbalisateur lui-même. L'infraction pouvant être facilement caractérisée par lui, sans qu'elle puisse donner lieu à contestation sérieuse de la part de l'auteur, le législateur estime qu'il serait plus expédient, pour tous les intérêts en présence, de simplifier la procédure concernant ce genre d'infractions. Mais cette

1. Trib. Bayonne. *Gaz. Trib.*, 1924.2.249 ; C. Caen. *Gaz. Pal.*, 1925.2.644 ; Trib. de Bourg. *La loi*, 23 novembre 1925.

réforme, votée par le Sénat et actuellement pendante devant la Chambre des députés, ne vise que les petites infractions, certaines contraventions, qui, pour la plupart ressortissant au Code de la route, ne donnent pas lieu à réparations civiles (1). Quant au véritable problème en matière d'accidents d'automobiles, le problème de la responsabilité civile, il reste entier, aucune disposition légale n'étant intervenue.

Mais en présence de la multiplicité des accidents d'automobiles et de leur gravité souvent accrue par la force des nouveaux engins mis en circulation, l'opinion publique s'est émue. Dans les milieux juridiques, la controverse, que nous avons signalée avant la guerre, reprit. Dans un article du 12 mars 1922, paru dans la *Gazette des Tribunaux*, M. G. Courtois, un des premiers jeta un cri d'alarme. Bientôt d'autres écrivains s'occupèrent de la question, M. Capitant, notamment dans un article du *Dalloz Hebdomadaire* de 1923 (2). Le problème de la responsabilité se trouvait à nouveau posé et devait donner lieu à plus d'une controverse, dont on trouve, en particulier, l'expression dans de nombreuses notes publiées dans les recueils d'arrêts (3), ou dans des revues de jurisprudence (4).

La jurisprudence d'après guerre était exactement

1. *Journal officiel* du 22 janvier 1926. Sénat. Déb. parl.

2. *D. H.*, 1923, p. 77.

3. V. Esmein (S. 1924.1.321) ; Ripert (D.P.1925.1.5) ; Savatier (D. P. 1925.1.2.411); Josserand (D. P. 1925.2.105).

4. Demogue, *Rev. Trim.*; diverses notes dans la *Revue de la jurisprudence* ; H. Prudhomme, *Rev. Critique*, 1925, p. 211.

celle qu'avait critiqué la plupart des auteurs dont nous avons parlé dans notre précédent chapitre. La preuve par la victime d'une faute du pilote continuait à être exigée. Cette production était souvent fort difficile et par ailleurs on rencontrait dans l'appréciation de la faute des variations nombreuses. C'est ainsi que le Juge de paix de Saint-Etienne a estimé qu'on soutiendrait en vain que le conducteur d'un camion est tenu, en garant sa voiture sur une pente très accentuée, non seulement de bloquer ses freins, mais encore d'en assurer la fixité absolue en plaçant des cales derrière les roues; aucun règlement ne prescrivant l'emploi de cales pour assurer la fixité des voitures automobiles stationnant sur la voie publique (1). Par contre le tribunal correctionnel de la Seine déclare : commet une imprudence le conducteur qui abandonne son auto dans une voie en pente, sans avoir multiplié les précautions, notamment en calant les roues ou en les enchaînant (2).

Sans doute ces divergences de point de vue ne suffiraient pas à condamner le système. Par l'étude, la comparaison et la critique des arrêts pourraient se dégager peu à peu les éléments, qui devraient être pris en considération pour qu'une faute soit établie. Aussi bien, est-ce à ce genre de travail, que se livrèrent plusieurs auteurs, qui, avant la guerre, s'occupèrent de la responsabilité des automobilistes. Ils cherchèrent à rattacher à des principes les nom-

1. *Rec. per.*, 1921, p. 223.
2. *Rec. per.*, 1922, p. 83.

breuses solutions d'espèces et à dégager une ligne de démarcation entre les faits qui constituaient une faute et ceux qui ne l'étaient pas (1). « Il nous a paru intéressant, disait expressément M. Sainctelette en 1908, de grouper les arrêts et les jugements sous des divisions logiques, en rattachant à des principes les nombreuses solutions d'espèces » (2).

Ces travaux ont eu leur utilité; mais s'ils permettaient de mettre un peu d'ordre dans la jurisprudence, grâce à la constitution d'un corps de doctrine, il n'en restait pas moins que tous ces auteurs, leur travail accompli, ont souvent critiqué la mise à la charge de la victime, de la preuve de la faute. Bien que rendant hommage aux efforts faits par la jurisprudence pour être équitable envers les victimes, ils observaient qu'elle restait insuffisante. Ils attendaient d'une loi la réforme de l'état de chose existant. Cette loi n'est pas encore votée. Le sera-t-elle jamais? Il est permis d'en douter. D'autres préoccupations d'ordre plus immédiatement politique occupent la vie parlementaire. Une loi qui n'a pas été votée depuis plus de vingt ans qu'elle est réclamée, a de grandes chances de demeurer longtemps encore dans les cartons. M. Courtois en donne une raison qui n'est pas sans valeur étant donné les mœurs politiques actuelles : « Combien d'électeurs, dit-il, possèdent au-

1. Sainctelette, *Responsabilité des propriétaires et conducteurs d'automobile*. Introduction, p. 5.

2. Voir également J. Imbrecq, *L'automobile devant la justice*, 1910; Gaudillot, *op. cit*.

jourd'hui leurs autos. Ce serait un cadeau mal accueilli par eux, qu'une présomption de responsabilité édictée dans les termes des projets élaborés en 1907 (1). » Il est donc, peut-être, plus vraisemblable de penser que notre jurisprudence saura suffisamment assouplir les textes dont elle dispose pour arriver à un régime susceptible de donner satisfaction à tous les intérêts en présence. C'est aussi la manière de voir de M. Courtois. « Une jurisprudence dont les effets sont si funestes ne pourrait-elle pas être corrigée par les tribunaux eux-mêmes ? On ferait ainsi l'économie d'une loi nouvelle et tout ensemble une économie de temps. » Ce rôle, la jurisprudence est-elle à même de le remplir ? Nous le pensons. A l'étudier de très près il semble qu'une évolution dans ce sens soit amorcée. C'est à mettre cette évolution en lumière que nous allons consacrer les pages qui vont suivre.

§ 2. — L'ÉVOLUTION DE LA JURISPRUDENCE EN MATIÈRE DE RESPONSABILITÉ DU FAIT DES CHOSES ET SON INFLUENCE EN MATIÈRE D'ACCIDENTS D'AUTOMOBILES.

En examinant la position de la jurisprudence avant la guerre nous avons été conduit à souligner les rapports qui commençaient à s'établir d'une façon timide et isolée entre les solutions admises en matière de responsabilité du fait des choses et celles en matières d'accidents d'automobiles. Ces tentatives mo-

1. Art. cit.

destes étaient l'origine d'une évolution et d'un mouvement de jurisprudence aussi remarquable que celui, qui lui est d'ailleurs connexe, intervenu en matière de responsabilité du fait des choses. On connaît sur ce dernier point les résultats atteints par la jurisprudence interprétant l'article 1384 § 1er du Code civil d'où elle sut tirer, d'un membre de phrase à peine remarqué à l'origine du code et même longtemps après, tout un système de responsabilités (1). Nous avons signalé cette intéressante évolution, mais nous ajoutions qu'elle n'avait pas encore pris une forme définitive. La Chambre des Requêtes par des arrêts des 3 juin 1904 et 25 mars 1908 (2) avait bien déclaré le propriétaire responsable du dommage causé par sa chose à moins qu'il ne prouve que celui-ci était dû à un cas fortuit, un cas de force majeure, ou à toute autre cause étrangère; mais presque aussitôt elle avait admis, — arrêt du 29 avril 1913 (3), — son exonération s'il prouvait seulement l'absence de faute de sa part. Ce recul fut toutefois passager, avec un arrêt du 19 janvier 1914 (4) la Chambre revient à sa jurisprudence antérieure : « Aux termes de l'article 1384 on est responsable non seulement du dommage que l'on cause par son propre fait, mais encore

1. Colin et Capitant, *op. cit.*, t. II, p. 367, 400 et suiv. ; Demogue, *Traité des Obligations en général,* t. III et V. En particulier ch. XVII, qui contient, avec une abondante documentation, les références les plus complètes.

2. S. 1905.1.189 ; 1910.1.17.

3. D. P. 1913.1.427.

4. S. 1914.1.128.

de celui qui est causé par le fait des choses que l'on a sous sa garde. Cette disposition de la loi implique au regard du gardien de la chose une présomption de faute, qui ne peut être détruite, que si celui-ci fait la preuve que l'accident a eu pour cause un cas fortuit, de force majeure ou la faute de la victime. » Cette interprétation, la Chambre civile l'a faite sienne à son tour par les arrêts des 21 janvier 1919, 16 novembre 1920 et 15 mars 1921 (1), en sorte que l'on peut considérer la jurisprudence de la Cour de Cassation comme définitivement fixée.

La caractéristique du système adopté réside dans la présomption de faute imposée non précisément au propriétaire mais au gardien de la chose. Nous sommes donc ici en présence d'une présomption légale de faute, mais cette présomption est liée à l'idée de garde et ceci est souligné par l'arrêt du 10 novembre 1920, en particulier, qui déclare que la cause du dommage n'est pas obligée de résider dans la chose. D'où la responsabilité ne découle pas nécessairement du vice de la chose, mais de la garde et ce faisant la cour précise nettement le champ d'application de l'article 1384 § 1er : d'une part, en repoussant l'argumentation qui rattache la responsabilité uniquement au fait de la chose; d'autre part, en écartant à l'autre extrémité la notion pure du risque créé.

Telle quelle, cette construction juridique présente dans la matière plus spéciale, qui nous occupe, un

1. D. P. 1922.1 25 et la note de M. Ripert.

intérêt particulier et qu'il importe de mettre en relief. Nous avions signalé l'existence avant la guerre de quelques décisions qui avaient fait appel à l'article 1384 § 1er du Code civil en vue de mettre à la charge de l'automobiliste la preuve de la responsabilité. Mais la majorité des arrêts, en interprétant l'article 1384, introduisit une distinction aux termes de laquelle la présomption légale de responsabilité de l'article 1384 ne pouvait être appliquée que dans les hypothèses où l'accident était causé par la machine seule, sans aucune intervention de l'homme. Si celle-ci au contraire était actionnée, dirigée, commandée par l'homme, l'article 1384 § 1er était inapplicable et cédait la place à l'article 1382, qui impliquait la nécessité pour le demandeur de faire la preuve de la faute du conducteur conformément au droit commun. L'article 1384 ne s'appliquait donc qu'au fait propre de la chose. Cette doctrine fut notamment proclamée par des arrêts de la Cour de Dijon du 22 janvier 1907, de Bordeaux des 26 octobre 1909, 23 mars, 17 juillet 1910 (1); enfin la Chambre des Requêtes la sanctionna par un arrêt du 22 mars 1911 (2) suivi peu après d'un autre de la Cour de Bordeaux, 19 décembre 1911. Cette jurisprudence en matière d'automobile était particulièrement importante, car quand une automobile occasionne un accident c'est le plus souvent sous la direction d'un pilote. La thèse que nous venons d'exposer n'aboutissait donc à rien moins qu'à déclarer que,

1. S. 1914.1.214.
2. D. P. 1911.1.356.

dans la majorité des cas, les accidents d'automobiles relevaient de l'article 1382 et non de l'article 1384.

Cette distinction établie par la jurisprudence et connue sous le nom de distinction entre le fait de la chose et le fait de l'homme, significative par ses conséquences pratiques, l'est également examinée à un autre point de vue, que nous serions tentés de qualifier d'historique. Elle marque, pensons-nous, une étape caractéristique de l'évolution de la jurisprudence, en corrélation avec celle, que nous avons précédemment relatée, concernant le fait des choses en général. Comme le faisait très justement observer le rédacteur anonyme d'une note au Sirey, sous l'arrêt du 22 mars 1911 précité, la jurisprudence, en voulant que la responsabilité du fait des choses supposât un fait autonome, montrait qu'elle n'osait pas tirer du principe de la faute présumée toutes ses conséquences (1). Elle préférait encourir le reproche d'illogisme (que lui avait notamment adressé M. Esmein), plutôt que d'abandonner les solutions qu'elle avait données depuis plus d'un siècle sur la responsabilité du dommage causé par la chose inanimée obéissant à la direction de l'homme. Cette manière de voir nous apparaît particulièrement juste; la responsabilité des automobilistes est à la fin, constitue en quelque sorte l'arrière-garde du mouvement de jurisprudence sur la responsabilité du fait des choses. C'est dans ce domaine que se livrent les derniers combats qui doivent

1. S. 1914.1.214.

donner, là comme en d'autres matières, la prédominance à l'article 1384 sur l'article 1382.

La position, que nous venons de dégager, est encore présentement tenue par la grande majorité de la jurisprudence. Cependant au terme de l'évolution concernant la responsabilité du fait des choses en général, dont nous trouvons l'expression dans les arrêts précités des 21 janvier 1919, 16 novembre 1920 et 15 mars 1921, qui donnent au système de la responsabilité une expression présentant un certain caractère de fixité, il n'était pas douteux que la construction juridique adoptée ne tarderait pas à exercer une répercussion sur la responsabilité des automobilistes. Quand on parcourt les arrêts rendus sur ce point depuis les dates indiquées ci-dessus on peut en noter déjà quelques-uns qui abandonnent le point de vue précédemment tenu pour appliquer l'article 1384 § 1er dans son intégralité. Une des premières expressions de cette nouvelle doctrine se rencontre dans un arrêt de la Cour de Paris du 7 avril 1922, mais là encore la nouvelle orientation demeure douteuse car en l'espèce il s'agissait bien d'une automobile conduite, mais dont la barre de direction s'était rompue. On pouvait admettre qu'en réalité dans cette hypothèse il y avait à proprement parler fait de la chose (1). Un jugement du Tribunal civil de Saint-Etienne du

1. *Gaz. Pal* 1922.2.128; *Rec. per.* 1922, p. 273. Peut-être la priorité appartient-elle à un arrêt de la Cour de Lyon du 27 octobre 1921. Mais la cour fait état également de l'art. 1382. *Rec. per.* 1922, p. 172.

28 juillet 1921 (1) est beaucoup plus net : « Attendu, dit-il, que l'article 1384 dans une concision claire et absolue édicte que l'on est responsable du dommage causé par le fait des choses dont on a la garde; que cette responsabilité, qu'on la fasse dériver d'une présomption légale de faute en la personne du gardien, ou que suivant une tendance plus récente et peut-être plus logique, on la rattache au risque que comporte l'introduction dans la société d'une chose dangereuse, prend naissance en la personne du gardien par le seul fait qu'il existe un lien de cause à effet entre la chose et le dommage causé... » Toutefois, le tribunal, par un reste de scrupules, en revient à l'idée de faute, relevant à la charge du conducteur, un manque de précautions. Sur appel la Cour de Lyon dans son arrêt du 14 octobre 1922 (2) est beaucoup plus catégorique et formule nettement la nouvelle thèse : « Attendu que A. doit être déclaré responsable de l'accident en vertu de l'article 1384 du Code civil, que le dit article crée à l'encontre du propriétaire de la chose une présomption de faute générale et absolue, qui ne cesse qu'autant que le propriétaire administre la preuve du cas fortuit ou de la force majeure ou de la faute de la victime. » Nous trouvons ici appliquée à la responsabilité des automobiles la formule que nous avons signalée pour la responsabilité du fait des choses et que nous avons reproduite ci-dessus, avec cette différence, toutefois, que

1. *Rec. per.* 1923, p. 33.
2. *Rec. pér.*, 1923, p. 33.

la Cour parle du propriétaire au lieu du gardien. Cette différence, si elle se maintenait, ne serait pas sans présenter une certaine importance pratique. Cette formule la Cour la reprend dans un autre arrêt du 24 mars 1923 dans des termes absolument identiques (1). Le Tribunal civil d'Aix également dans un arrêt du 20 décembre 1923 déclare: «La présomption de faute établie par l'article 1384 du Code civil est générale et absolue et ne disparaît que devant la preuve que l'accident est le résultat d'un cas fortuit ou de force majeure ou d'une faute de la victime elle-même... Attendu, qu'il n'y a pas lieu d'introduire dans la loi des distinctions que le texte ne comporte pas, qu'il n'y a pas lieu notamment de distinguer si l'objet placé en garde se trouve ou ne se trouve pas actionné par la main de l'homme (2)... » Dans ces diverses décisions le changement d'orientation est très nettement marqué.

§ 3. — L'ARRÊT DU 29 JUILLET 1924

Cette nouvelle jurisprudence ne devait pas tarder à recevoir, semble-t-il (nous réservant d'examiner plus loin le point de savoir quelle est la portée de l'arrêt ci-après), une confirmation de la Cour de Cassation. Dans une affaire devenue célèbre, tant par les données

1. C. de Lyon. *Rec. per.*, 1923, p. 299.
2. *Rec. per.*, 1924, p. 227: Dans ce sens : Dijon, 4 juin 1923. *Rec.*, *Dijon* 1923 ; Tribunal de Commerce de Lyon. *Gaz. com. Lyon*, 15 déc. 1923.

de la cause que par l'arrêt rendu, affaire Bessières contre la Compagnie l'Abeille, nous trouvons l'application de l'article 1384 entendu de la façon la plus absolue. Rappelons succinctement les faits de la cause. Le 11 juillet 1918 une automobile appartenant à la Compagnie des voitures l'Abeille conduite par un sieur Saverne, militaire en permission, à la suite d'une embardée provoquée par un embarras de voitures monte sur le trottoir, défonce une devanture de boutique et renverse et blesse gravement une femme Bessières, qui se trouvait à l'intérieur du magasin. Poursuivi devant le Conseil de guerre pour délit de coups et blessures par imprudence le militaire est déclaré non coupable et acquitté. Les époux Bessières introduisent une demande civile en dommages intérêts contre la Compagnie l'Abeille, et devant la Cour de Paris, ils soutiennent, non que Saverne a commis une faute dans sa façon de conduire, mais que la société doit être déclarée responsable, soit qu'elle ait eu tort de confier sa voiture à Saverne, soit qu'elle lui ait remis une voiture en mauvais état d'entretien.

Par un jugement interlocutoire la Cour rejette le premier moyen en décidant que Saverne porteur d'un permis de conduire avait le droit de s'en servir dans les circonstances de la cause. Sur le second moyen (voiture en mauvais état d'entretien), elle ordonne une expertise. Cette expertise aboutit à la conclusion que l'accident ne pouvait être attribué au mauvais état de la voiture. Sur quoi la Cour de Paris rend un arrêt définitif, qui déboute les époux Bessières de leur demande avec les considérants suivants :

« Considérant qu'il ressort du rapport de l'expert que la cassure des boulons a été la conséquence et non la cause de l'accident et que cet accident ne peut pas être attribué au mauvais état de voiture automobile; que dès lors aucune faute ne peut être retenue à la charge de la Compagnie l'Abeille, qui détruit la présomption de faute pesant sur elle aux termes de l'article 1384 du Code civil;

« Considérant enfin, que si les époux Bessières imputent au chauffeur Saverne la responsabilité de l'accident, il y a lieu d'observer que le dit Saverne poursuivi devant le Conseil de guerre sous l'inculpation de blessures par imprudence a été acquitté par jugement ayant acquis l'autorité de la chose jugée... »

La Cour de Cassation fut saisie d'un pourvoi contre cet arrêt où deux moyens étaient relevés :

1° Violation de l'article 1384 du Code civil 1er alinéa, violation de l'article 1315 et de l'article 7 de la loi du 20 avril 1810 en ce que l'arrêt attaqué a rejeté l'action en responsabilité des époux Bessières, sous l'unique prétexte qu'il n'aurait pas été établi que la voiture confiée au chauffeur Saverne aurait été en mauvais état et que la cause de l'accident demeurait inconnue, alors qu'en cas d'accident causé par une chose ce n'est pas à la victime à faire la preuve de la faute du propriétaire de la chose et que pour échapper à la présomption légale de faute qui pèse sur lui en vertu de l'article 1384, c'est au contraire au propriétaire de la chose à faire la preuve du cas fortuit ou de force majeure et qu'il ne peut suffire, pour faire tomber cette présomption, que le juge constate que la cause de l'accident est demeurée ignorée;

2° Violation de l'article 1351 Code civil, de l'article 1384, de l'article 5 de la loi du 20 avril 1810, en ce que l'arrêt attaqué a rejeté l'action en responsabilité... en tant que fondée sur la faute du chauffeur Saverne sous l'unique prétexte que Saverne traduit devant le Conseil de guerre sous l'inculpation de blessures par imprudence, avait été acquitté par jugement ayant acquis l'autorité de la chose jugée, alors que le dit jugement, émanant d'un conseil de guerre et par suite non motivé, ne pourrait emporter chose jugée sur l'instance, en dehors du fait punissable, d'un quasi-délit civil.

La défense à ce second moyen opposait une fin de non recevoir prétextant qu'il était nouveau. La Cour l'écarta par ce motif que sa réfutation formait l'une des bases de l'arrêt attaqué.

Nous donnons ci-après les termes de l'arrêt sur le premier moyen, nous nous occuperons dans un chapitre ultérieur du point soulevé par le deuxième moyen (1).

Sur le premier moyen : Vu l'article 1384, 1er alinéa du Code civil, attendu que la présomption de faute, établie par cet article à l'encontre de celui qui a sous

1. Voir ci-après, ch. IV.

sa garde la chose inanimée, qui a causé le dommage, ne peut être détruite que par la preuve d'un cas fortuit ou de force majeure ou d'une cause étrangère qui ne lui soit pas imputable; qu'il ne suffit pas de prouver qu'il n'a commis aucune faute, ou que la cause du dommage est demeurée inconnue; Attendu que le 1er juillet 1919 une voiture automobile appartenant à la Compagnie des voitures l'Abeille, conduite par le chauffeur Saverne, mobilisé, alors en permission, a gravement blessé la dame Bessières; que Saverne a été acquitté par le Conseil de guerre; Attendu que l'arrêt attaqué décide que l'accident ne pouvant être attribué au mauvais état de la voiture automobile, aucune faute ne peut être retenue à la charge de la Compagnie l'Abeille, qui détruit la présomption de faute pesant sur elle, aux termes de l'article 1384, 1er alinéa du Code civil; qu'en statuant ainsi il a violé l'article susvisé (1).

Le sens et la portée de cet arrêt ont été ardemment controversés. Certains, et ce sont croyons-nous les plus nombreux, voient dans cette décision de la Cour de cassation, l'application par cette juridiction du principe général de la responsabilité du fait des choses aux accidents d'automobiles. D'autres, au contraire, se montrent sceptiques ou prétendent que cet arrêt n'apporte aucun changement à la jurisprudence antérieure. Comme le fait justement remarquer M. Savatier, dans une note au Dalloz, les conditions dans

1. D.P. 1925.1.5.

lesquelles est intervenu l'arrêt précité prêtent à une certaine ambiguité (1).

Ceux qui estiment qu'aucun changement n'est intervenu et que l'arrêt n'a aucune portée au point de vue de l'application de l'article 1384 § 1er aux automobiles raisonnent ainsi :

La Cour de Cassation saisie d'un pourvoi avait à examiner et à trancher la question suivante : Celui sur lequel pèse la présomption de faute de l'article 1384 peut-il s'en décharger en faisant la preuve qu'il n'a commis aucune faute? Non, répond la Cour, cette preuve négative ne suffit pas et elle reprend la formule adoptée dans des arrêts antérieurs concernant l'application de l'article 1384. Elle n'a nullement décidé, comme on essaye de le lui faire dire, qu'une responsabilité de plein droit pèse sur l'automobiliste qui écrase un piéton et qu'il ne peut s'en exonérer qu'en prouvant le cas fortuit, la force majeure ou la cause étrangère. Ce n'était pas la question qui lui était soumise. Mais ayant à juger un cas où l'on avait invoqué l'article 1384 en soutenant que l'accident était dû à un vice de la voiture et non à la faute du conducteur, elle n'a fait que confirmer sa jurisprudence antérieure sur les conditions de preuves très rigoureuses auxquelles doit satisfaire celui qui veut se décharger de la présomption de faute pesant sur le gardien de la chose inanimée, qui a causé le dommage (2).

1. R. Savatier, note citée.
2. Dans ce sens, Maître X (*le Chauffeur et le Moteur français*).

L'arrêt casse non pas pour cette raison que la décision attaquée a appliqué l'article 1382 du Code civil aux accidents d'automobiles, mais parce que pour ne pas appliquer l'article 1384 § 1er elle a fait état d'une cause d'exonération qui n'aurait pas juridiquement permis de combattre la présomption de faute édictée par ce dernier texte (1).

Dans la jurisprudence des avis analogues se rencontrent :

Attendu, déclare le Tribunal civil de Bordeaux dans un jugement du 9 décembre 1924 (2), qu'il n'apparaît pas que la décision invoquée (du 29 juillet 1924) ait la portée que le demandeur lui attribue, la cassation de l'arrêt attaqué n'ayant été motivée que parce que ledit arrêt avait, pour écarter l'article 1384, retenu une absence de faute inopérante en la cause.

Même sentence de la Cour de Nîmes, 9 janvier 1925 :

« Attendu que l'arrêt de la Chambre civile de la Cour de Cassation du 29 juillet 1924 a été rendu au regard d'une action en responsabilité d'automobile basée sur l'article 1384 § 1er pour défaut d'entretien et n'a cassé la décision intervenue que parce qu'elle avait admis des causes d'exonération insuffisantes, à savoir que le conducteur n'avait commis aucune faute et que la cause du dommage était demeurée in-

1. *Gaz. Trib.*, 23-24 oct. 1924 ; *Rec.* 1925.1.27 et la note.
2. *D. H.*, 8 janvier 1925.

connue, qu'on ne saurait donc en inférer un revirement de jurisprudence (1).

Une grande partie de la doctrine, par contre, manifeste une tendance à interpréter l'arrêt indiqué comme marquant par la Cour l'abandon de la jurisprudence antérieure et de la distinction entre le fait de l'homme et le fait de la chose. Pour M. Savatier, dans la note précitée, cette manière de voir résulterait moins de l'arrêt lui-même, que d'un certain sentiment de la Cour qui s'en dégage à l'égard des accidents d'automobiles. Pour lui l'arrêt admettait l'article 1384 à l'accident litigieux. Le pourvoi loin de critiquer le principe de cette application soutenait seulement que la Cour de Paris n'en avait pas exactement déduit les conséquences. A aucun moment la Cour de cassation n'a eu à examiner le principe de l'application de l'article 1384 à la place de l'article 1382 aux accidents d'automobiles, principe que ni l'arrêt attaqué, ni le pourvoi, ne semblaient mettre en doute. Toutefois, conclut le distingué arrêtiste : « Il n'en est pas moins vrai qu'en cassant l'arrêt comme trop favorable à l'automobiliste, dont la présomption de faute avait été, dit-elle, trop facilement écartée, la Cour de cassation paraît marquer implicitement une approbation morale pour l'application ri-

1. *D. H.*, 26 février 1925 ; T. civ. de Narbonne. *D. H.*, 15 octobre 1925. Adde: C. Rennes *D.H.*, 8 octobre 1925; Saint-Brieux, *J. Assur.*, avril 1925 ; Trib. civ. du Havre, *Gaz. Pal.*, 19 févr. 1925 ; Trib. de Tulle, *Gaz. Pal.*, 19 fév. 1925. V. également les arrêts cités p. 56.

goureuse de l'article 1384 aux accidents d'automobiles (1). »

Cette opinion est partagée par M. Esmein, par M. Ripert, par M. Demogue, par M. Prudhomme, mais pour eux le revirement de jurisprudence est très net et résulte des éléments de la cause et du texte même de l'arrêt.

Pour M. Esmein (2) la Cour suprême a pris implicitement parti sur la question. « En effet la Cour affirme qu'aucune faute n'est établie à la charge du gardien de la chose. Or une décision ne pouvant être cassée pour un motif erroné, lorsque la Cour suprême peut aux constatations des juges du fond adopter le moyen de droit exact, l'arrêt ne pouvait l'être que si la Chambre civile estimait l'article 1384 § 1er applicable même lorsque l'accident ne peut être attribué à un vice de la machine. Et sa doctrine, ajoute-t-il, se précise encore par le fait que dans l'espèce il s'agissait d'un dommage causé par une voiture en marche, que l'accident était, d'après les constatations de fait, le résultat d'une embardée produite par un brusque changement de direction opéré par le chauffeur, que par suite l'intervention de l'homme était très nette. »

Sous une forme quelque peu différente M. Ripert exprime la même idée :

« Le pourvoi qui lui était soumis était fondé sur la violation de l'article 1384. Si la Chambre civile avait

1. Note citée.
2. Note citée.

estimé que cet article était inapplicable en l'espèce, elle aurait rejeté le pourvoi puisque l'arrêt attaqué ne relevait pas de faute du conducteur. Elle juge au contraire que cette disposition doit s'appliquer et que la Cour d'appel n'a pas interprété l'article 1384 d'une façon assez sévère, puisqu'elle a permis au gardien de l'automobile de faire la preuve de l'absence de faute (1). » M. Demogue dans son examen de la jurisprudence (2) déclare catégoriquement : « Dans notre espèce la Cour a visé ici l'article 1384 et déclaré que, si la présomption de faute n'était pas détruite par un cas fortuit ou par force majeure, le propriétaire de l'automobile était responsable. Cette solution implicite, venant après l'arrêt de 1920, semble indiquer que la jurisprudence s'aiguille dans une direction en concordance avec l'idée de risques, contrepoids du profit de la chose, que l'arrêt de 1920 laissait déjà entrevoir. » Même argumentation chez M. Prudhomme : « La Cour de Paris avait ordonné une expertise de laquelle il était résulté que la voiture n'était pas en mauvais état avant l'accident et que son propriétaire était donc exempt de faute. A quoi, la Cour suprême répond que l'article 1384 imposait à ce propriétaire l'obligation de démontrer que l'accident était dû à un cas fortuit, de force majeure, ou à une circonstance étrangère (faute de la victime ou d'un tiers). Admettre que la preuve

1. Note citée.
2. *Revue trimestrielle de Dr. civil*, année 1924, p. 992.

de ces causes d'exonération résulte suffisamment de cette circonstance, que la voiture était en bon état... c'est évidemment restreindre la portée de la présomption légale très nettement précisée par la Cour suprême (1). »

Nous avons cru devoir faire de larges extraits des divers points de vue en présence pour bien souligner l'importance de la controverse et aussi sa portée. Si l'on adopte la manière de voir de ceux qui ne voient dans l'arrêt qu'une pure et simple interprétation de l'article 1384, il n'y a aucun changement dans la jurisprudence, il n'y a qu'un arrêt de plus. Si au contraire l'on admet la thèse de ceux qui voient dans l'arrêt du 29 juillet 1921, l'application aux accidents d'automobiles du principe général de la responsabilité du fait des choses, tel qu'il a été dégagé par la jurisprudence, notamment dans ses arrêts de 1914, mais surtout de 1919 et 1920, nous sommes bien en présence d'une nouvelle orientation de la jurisprudence, orientation intéressante d'où découleront de nombreuses et importantes conséquences.

Dans l'appréciation de la question, l'évolution suivie par la jurisprudence, tant en matière de responsabilité du fait des choses en général, qu'en matière d'accidents d'automobiles, nous paraît devoir fournir des indications précieuses. L'étude, à laquelle nous nous sommes livrés précédemment sur ces points, nous a montré que, lors de l'arrêt du 21 mars 1911,

1. Art. cité.

la position tenue par la jurisprudence en matière de responsabilité du fait des choses en général n'était pas encore déterminée avec précision, mais que depuis elle avait pris une expression définitive et que déjà certains tribunaux avaient cru devoir faire état en matière d'accidents d'automobiles, de la nouvelle construction juridique adoptée par la Cour pour la responsabilité du fait des choses en général. Cette évolution significative doit donc, à notre avis, dominer toute la question qui nous préoccupe et dans le doute inciter à une interprétation qui en tienne compte. Or si l'on relit l'arrêt de la Cour de Paris en se rappelant la distinction qui était observée dans de nombreuses décisions entre le fait de l'homme et le fait de la chose, distinction qu'avait posée l'arrêt de cassation du 22 mars 1911 précité, et que le jugement du tribunal civil de la Seine intervenu dans l'espèce avait retenu également, il semble bien qu'ici encore nous nous trouvons en présence du même point de vue. L'arrêt en effet peut être lu ainsi :

Considérant... que cet accident ne peut pas être attribué au mauvais état de la voiture », autrement dit, il n'y a pas vice de construction, partant il n'y a pas fait de la chose, dès lors l'article 1384 § 1er ne saurait s'appliquer; la Compagnie l'Abeille « a détruit la présomption de faute pesant sur elle aux termes de l'article 1384 ». Reste donc l'article 1382, mais là encore aucune faute ne peut être retenue à la charge de la Compagnie.

La Cour n'a fait que reprendre la distinction, déjà observée d'ailleurs par le tribunal civil, elle rejette l'article 1384 et se place conformément à la jurisprudence traditionnelle sur le terrain de l'article 1382, qu'elle déclare à son tour non applicable, mais parce qu'aucune faute ne saurait être retenue. Ce qui prouve bien que la Cour est désormais sur ce terrain, c'est la deuxième partie de son arrêt où elle examine la responsabilité du chauffeur et ce, sous le rapport du dit article, puisqu'elle fait état de sa responsabilité personnelle, qu'elle reconnaît détruite par la décision rendue à son égard par le conseil de guerre.

L'arrêt de la Cour d'appel, étant vu sous cette forme, la sentence de la Cour de cassation, basée uniquement sur la violation de l'article 1384, est donc la condamnation de la distinction du fait autonome et du fait personnel.

Mais il faut reconnaître l'ambiguité de la décision rendue, qui vient de la rédaction curieuse de la sentence d'appel. Sans doute, en voulant rechercher la concision, son rédacteur a laissé entendre que l'absence de faute détruisait la présomption de l'article 1384, point de vue que soulignent ceux qui voient le motif de cassation dans le fait qu'une cause d'exonération avait été retenue, que n'admet pas l'article 1384. Mais à cette manière de voir s'oppose une objection, qui nous paraît très forte. Malgré son ambiguité l'arrêt de la Cour reste très clair dans ses attendus, où il mentionne que la voiture était conduite, qu'il n'y avait pas de vice de construction, qu'il n'y avait, par ailleurs, aucune faute de la Compagnie, ni du chauffeur. La Cour suprême trouvait donc dans l'arrêt toutes les conditions d'application de l'article 1382. Or, c'est un point qui n'est pas contesté et sur lequel on trouve une jurisprudence constante, la Cour de cassation aurait pu si elle avait estimé que l'article 1384 ne pouvait s'appliquer dans l'espèce, parce qu'il s'agissait d'une automobile en mouvement et qu'aucun vice de la chose n'avait été relevé, elle aurait pu se borner à adopter le moyen de droit adéquat à la décision des juges du fond, c'est-à-dire l'article 1382. Ce pouvoir de la Cour est certain. Faye notamment dans son livre sur cette juridiction déclare : « le motif erroné est non avenu lorsque la décision est justifiée en fait par un autre motif donné par le tribunal ou qu'il appartient à la Cour de cassation de suppléer en le substituant à celui qui a été inséré au jugement (1). »

En cassant l'arrêt, la Cour suprême considérait donc que l'article 1382 ne saurait s'appliquer, que seul l'article 1384 devait être en cause et c'était par là même admettre que cet article était d'une application générale et notamment s'appliquait à une automobile en mouvement (2).

Au surplus, il convient d'observer que cette décision constitue en quelque sorte une application littérale d'une formule exprimée dans l'arrêt du 29 no-

1. E. Faye, *la Cour de Cassation*, § 61, p. 88.
2. Trib. de Gaillac, 27 janv. 1925. *Gaz. Trib.*, 19 février 1925.

vembre 1920, lequel maintenait la présomption de faute : « sans exiger que la chose ait un vice inhérent à sa nature susceptible de causer un dommage » (1). Cette décision implique que le gardien est responsable, tout à la fois quand il n'a pu ou su empêcher la chose de causer un dommage par un vice propre (ancien domaine d'application de l'article 1384), mais en outre qu'il n'a pu ou su l'empêcher d'être l'agent de transmission du dommage, ce qui est le cas pour l'automobile dirigée, conduite par la main de l'homme.

Ainsi nous n'avons pas un arrêt de plus interprétant la force de la présomption de faute tirée de l'article 1384, mais bien au contraire une extension de sa portée et de son champ d'application, résultat obtenu par une évolution très intéressante et des plus symptomatiques. Cette évolution de notre jurisprudence civile est d'autant plus caractéristique qu'au même moment notre haute juridiction administrative, le Conseil d'Etat, prend sur la question une position analogue. Par un arrêt significatif du 22 décembre 1924 (2) celui-ci, dans une affaire de responsabilité de l'Etat à la suite d'un accident occasionné par une automobile militaire, déclare :

« Considérant que les conditions particulièrement dangereuses de la circulation automobile à l'heure actuelle doivent faire admettre une présomption de

1. Comp. Demogue, *op. cit.*, tome V, p. 384.

2. D. P. 1925.3 p. 9 et la note de M. J. Appleton. Dans le même sens, 9 nov. 1925. D.H. 7 janv. 1926.

faute à la charge du conducteur d'automobile qui a causé l'accident; mais que cette présomption peut être détruite par la preuve que l'accident est dans l'espèce imputable : soit à une cause étrangère à son auteur, soit à un cas fortuit ou de force majeure. »

L'analogie d'expression entre la formule adoptée par la Cour de cassation et celle du Conseil d'Etat est pour le moins frappante. Sans doute le caractère de la présomption n'est pas le même dans les deux cas; ici nous avons une présomption de l'homme, tandis que la Cour tire de l'article 1384 une présomption légale. Mais ceci est d'importance secondaire (1). Un point plus marquant est la façon dont le Conseil d'Etat argumente, il ne s'appuie sur aucun texte, mais se fonde sur des considérations pratiques tirées des contingences présentes et cette manifestation de « droit prétorien » va rejoindre, sous une forme identique, l'interprétation des textes du Code donnée par la Cour suprême. Cette constatation donne, croyons-nous, toute sa valeur aux efforts d'une jurisprudence, qui cherche à adapter les textes du code aux circonstances de l'heure et ce faisant arrivera à créer un état de droit sans aucun doute mieux défini et plus équitable que celui obtenu par une intervention législative.

1. Toutefois sur ce point les notes Savatier et Josserand citées.

CHAPITRE III

L'APPLICATION DE L'ARTICLE 1384 AUX ACCIDENTS D'AUTOMOBILES

La nouvelle jurisprudence, discutée quant à son orientation par la doctrine, rencontre également auprès des tribunaux des oppositions manifestes et nombreuses. Si elle a été immédiatement adoptée par certaines Cours et tribunaux, par contre un nombre aussi considérable ne l'a pas admise et persiste à faire la distinction entre le fait de la chose et le fait de l'homme. Si nous jetons en effet les yeux sur les recueils d'arrêts, nous ne tardons pas à nous apercevoir que la jurisprudence est divisée en deux camps, d'égale importance semble-t-il. Dans l'un, l'article 1384 est considéré comme ayant une portée générale et absolue, l'automobiliste en toute hypothèse se trouvant sous le coup d'une présomption de faute qui ne peut être détruite que par la preuve d'un cas fortuit, de force majeure ou d'une cause étrangère, qui ne lui soit pas imputable.

Dans ce sens on peut relever les décisions suivantes : Cour de Paris, 18 octobre (*Rec. pér.*, 1924, p. 400) ; Trib. de la Seine (4e ch.), 29 octobre 1924 (*Rec. pér.*, 1924, p. 401) ; Trib. de Mende, 12 novembre 1924 (*Rec. pér.*, 1924, p. 402); Trib. de la Seine (14e ch.), 2 décembre 1924 (*Monit. jur.* de Lyon, 25 février 1925); Cour de Douai, 16 décembre 1924 (*Gaz. Pal.*, 19 février 1925); Trib. civ. de Versailles 16 décembre 1924 (*Gaz. Trib.*, 21 mai 1925); Trib. civ. de Gaillac, 27 janvier (*Gaz. Pal.*, 19 févrer 1925); C. de Rouen, 17 mars 1925 (*D. H.*, 14 mai 1925); C. de Douai, 4 mai 1925 (*Gaz. Pal.*, 24 mai 1925); C. de Paris (*D. H.*, 1926, p. 105) (1).

A l'opposé nous trouvons des arrêts et sentences aussi nombreuses qui généralement interprètent l'arrêt du 29 juillet 1924 soit comme un cas d'espèce, soit comme n'ayant pas la portée que certains doctrinaires ont voulu lui donner et qui maintiennent la distinction entre le fait de la chose et le fait de l'homme.

A la liste que nous avons donnée ci-dessus au chapitre II, il convient d'ajouter les arrêts et jugements suivants :

C. Montpellier, 8 octobre 1924 (*Rec. pér.*, 1924, p. 411); Trib. civ. du Havre, 13 décembre 1924 (*Rec. pér.*, 1924, p. 413); Trib. civ. de Bordeaux, 9 décembre 1924 (*Rec. pér.*, 1924, p. 445); C. de Riom, 19 novembre 1924 (*Rec. Per.*, 1924, p. 404); Trib civ. de Valence, 16 décembre 1924 (*Rec. per.*, 1924, p. 418); C. d'Appel de Nîmes, 9 janvier 1925 (*Gaz. Trib.*, 30 janvier 1925); C. d'Appel de Riom,

1. V. *Gaz. Pal.*, 1926.1.353.354. Nombreuses décisions récentes rapportées dans le sens de la présomption ou au contraire dans le sens de la non application de la présomption.

22 janvier 1925 (*D. H.*, 1925, p. 25); C. d'Appel de Poitiers, 16 février 1925 (*Gaz. Trib.*, 1er mars 1925); Trib. civ. de Vienne, 2 exp., 22 janvier 1925 (*Gaz. Trib.*, 19 février 1925) et 5 mars 1925 (*Gaz. Pal.*, 17 mai 1925); Trib. civ. de la Seine (4e Ch.), 19 février 1925 (*Gaz. Trib.*, 15 mars 1925).

Cette opposition de point de vue montre combien le problème de la responsabilité des automobilistes est controversé et combien les avis divergent sur la façon de lui donner une solution acceptable pour les divers intérêts en présence. Il nous paraît, dès lors, qu'il peut y avoir un intérêt à analyser cette jurisprudence, à étudier les arguments dont elle s'est servie pour étayer et justifier ses jugements, à les critiquer ou à les approuver, le cas échéant, à les comparer et ce faisant à en apprécier la valeur. Cette étude et ces comparaisons nous permettront, peut-être, de formuler une opinion sur cet important problème, dont, à notre avis, seule la jurisprudence paraît capable de donner une solution satisfaisante.

§ 1er. — Considérations préliminaires

Ce rôle, que nous croyons pouvoir être joué par la jurisprudence, nous oblige, au seuil de ces développements, à refuter des assertions, que nous trouvons plusieurs fois exprimées sous des formes diverses dans les décisions, qui maintiennent l'ancienne jurisprudence et se refusent à donner à l'article 1384 une portée extensive.

Attendu, trouvons-nous dans un arrêt du Tribunal de commerce d'Angers du 10 juin 1925 (1), que dans l'état actuel de la législation, il convient de ne pas donner à l'article 1384 une extension à laquelle les auteurs du Code civil n'ont nullement songé... qu'il importe de ne pas oublier que l'article susvisé apporte une dérogation au droit commun; que dans certain cas déterminé et spécialement à l'occasion de multiples dangers, qui sont la conséquence inévitable des transformations dues à la civilisation moderne, le renversement de la preuve serait susceptible de faciliter à la victime d'un accident l'obtention d'une réparation légitime, mais qu'il appartient au législateur seul, à l'exclusion des tribunaux, de suppléer à l'insuffisance des textes existants par une intervention opportune, répondant à des préoccupations fondées. »

Nous relevons dans ce texte deux affirmations qui nous paraissent des plus contestables. D'une part : « qu'il ne convient pas de donner à l'article 1384 une extension à laquelle les auteurs du Code civil n'ont nullement songé »; et d'autre part, « qu'il appartient au législateur seul, à l'exclusion des tribunaux, de suppléer à l'insuffisance des textes existants ». Evidemment ces deux propositions sont en quelque sorte solidaires l'une de l'autre, mais nous estimons, que ni l'une ni l'autre ne sauraient à notre époque être considérées comme exactes. Affirmer que les au-

1. *D. H.*, 1925, p. 551.

teurs du Code civil n'ont pu prévoir la responsabilité des automobiles, c'est l'évidence même, mais c'est là une conception si étroite, qu'elle ne paraît même pas avoir été celle des représentants les plus éminents de l'école de l'exégèse qui, dans certaines limites, admettaient la faculté d'interprétation, tendant à une assimilation possible de cas analogues. Au surplus si le respect de la lettre du Code et de l'intention présumée du législateur s'impose ou du moins se justifie, quand on se trouve dans une période récente de codification, ces principes ne sauraient demeurer intangibles à une époque déjà lointaine, où l'évolution des mœurs et du milieu social crée un nouvel état de droit. Comme le fait justement remarquer M. Bonnecase (1) : « C'est un système rétrograde et simpliste que celui rivant le droit positif à la loi et à l'intention du législateur, ce système immobilise en effet le droit civil, le voue à l'impuissance et l'empêche d'atteindre son but. » L'exégèse pure a fait son temps; qu'elle ait joué un rôle utile, ce n'est certes pas douteux : ne serait-ce que du point de vue de la technique juridique; mais de nos jours s'en tenir servilement aux principes de cette école tendrait en rien moins qu'à faire de notre Code un recueil de législation morte à l'instar des Codes du Bas-Empire. Après les remarquables travaux de M. Geny et les aperçus originaux de M. Duguit, l'as-

1. L. Bonnecase, *l'Ecole de l'Exégèse en droit civil*; id., *Suppléments au Traité de Dr. civil* de Baudry-Lacantinerie t. I.

sertion du Tribunal d'Angers, laquelle n'est pas isolée dans la jurisprudence que nous étudions (1), ne saurait présenter aucune valeur et apparaît comme singulièrement démodée. Sur ce point, le premier président Ballot-Beaupré, lors du centenaire du Code, avait déjà fait justice de cette manière de voir (2). La jurisprudence se doit d'interpréter les textes en conformité, sans doute, de leur esprit fixé par les traditions de l'école, mais aussi en tenant compte des nécessités économiques et sociales de l'époque. Toute lattitude ne lui est pas laissée, mais quand il est possible d'interpréter un texte de diverses façons, tout en respectant la lettre et le caractère, il n'est pas douteux que doit être choisie, non la version qui s'appuie uniquement sur quelques considérations historiques, mais bien celle qui répond aux réalités de la vie économique et sociale du moment. A une certaine époque, un sens a été donné à un texte. Il l'a été parce qu'il répondait au besoin et aux nécessités de l'heure. Celles-ci ayant varié, pourquoi voudrait-on que le premier sens l'emporte sur un second, qui donnerait au texte une nouvelle vie?

Or c'est justement le cas pour l'article 1384 § 1er. Pendant longtemps on considéra que ce paragraphe ne faisait qu'annoncer les dispositions qui suivaient, et en particulier les articles 1385 et 1386 (3); ce qui

1. Trib. civ. de Narbonne, 2 esp., 2-11 juillet 1925. *D. H.*, 15 oct. 1925.

2. Ballot-Beaupré, Discours prononcé au Centenaire du Code civil.

3. Colin et Capitant, *op. cit.*, p. 401 et suiv.

revenait à dire qu'il n'avait par lui-même aucune signification spéciale. De nos jours, on en tire le principe de la responsabilité du fait des choses. Pourquoi voudrait-on que cette interprétation soit moins exacte que la précédente, si, par ailleurs, elle a le mérite de donner satisfaction aux nécessités du moment. Voir dans les articles 1384 et suivants qu'une application dans des conditions particulières des articles 1382 et 1383 et en donner l'explication par le caractère particulièrement dangereux des choses mentionnées dans ces articles est un point de vue; mais ne peut-on pas analyser l'article 1384 § 1er comme énonçant un principe général qui, dans une certaine mesure, se différencie de celui posé dans les articles 1382 et 1383. Si l'on cherche la raison, consciente ou non, qui a incité les rédacteurs du Code à frapper dans les articles 1385-1386 la responsabilité du fait des animaux et des bâtiments de conditions spéciales, c'est que l'expérience (1) prouvait la fréquence des accidents provenant de ces choses; d'où la volonté d'imposer une prudence très stricte à ceux qui les employaient (2). Mais il y a plus; à bien les analyser, ces deux motifs nous paraissent tendre à un but identique, qui est sans doute de réparer un préjudice individuel, mais par delà ce préjudice individuel, un préjudice social. C'est parce que dans ces hypothèses, le préjudice subi par l'individu le dé-

1. *Sur le rôle de l'expérience dans l'évolution du droit.* — Bonnecase, *op. cit.*

2. Cf. Esmein, note citée (S. 1924.1.321).

passe dans une certaine mesure et présente un caractère intéressant le corps social, que des conditions autres que la faute aquilienne ont été imposées pour fonder dans ces hypothèses la responsabilité. Sans doute le Code est un monument individualiste, comme le furent la plupart des monuments juridiques de l'époque, mais les considérations d'ordre social n'étaient pas inconnues de ses rédacteurs. Traducteurs en maints endroits de Domat, ils ont dû faire leur cette pensée du maître : « L'ordre qui lie les hommes en société... oblige aussi chacun à tenir tout ce qu'il possède en un tel état que personne n'en reçoive ni mal, ni dommage (1). » Sans vouloir tirer de ce texte plus qu'il ne saurait dire, il montre cependant nettement que le point de vue social n'était pas étranger à cet auteur. Comment croire qu'il fût resté totalement oublié des rédacteurs du Code, subissant par ailleurs l'influence de Montesquieu et de Rousseau, qui, dans maintes parties de leurs œuvres, s'en sont préoccupés.

Ce n'est donc pas être en contradiction avec l'esprit des textes que de voir dans l'article 1382 le principe de la responsabilité de l'homme en tant qu'individu, maître de ses actes, fondé sur la notion de faute ; tandis que dans l'article 1384 nous trouvons le principe de la responsabilité de l'individu, fondé sur des considérations d'ordre social. La collectivité ne doit pas être à chaque instant troublée par un préjudice dont ses membres peuvent souffrir. Dès

1. Domat, *Lois civiles*, L. II, titre VIII, sect. II et III.

lors les objets ou les choses qui sont susceptibles d'occasionner de fréquents préjudices doivent être frappés d'un régime spécial, quant à la responsabilité qu'elles peuvent engendrer, régime qui tend nécessairement à en alourdir le fardeau. A l'époque du Code, les animaux et les bâtiments furent considérés comme rentrant dans cette catégorie, d'où une disposition expresse les concernant; mais le législateur eut soin de dégager un principe général dans le paragraphe 1er de l'article 1384 (1). A la jurisprudence ou au législateur actuel de dégager à leur tour, par une étude expérimentale, les nouvelles choses, qui, du point de vue social, sont particulièrement dangereuses et par suite susceptibles de rentrer dans la catégorie où la charge de la responsabilité doit devenir plus lourde, en substituant à la faute individuelle, la faute sociale basée sur le trouble apporté à l'harmonie préétablie du groupe; faute qui, évidemment. ne pourra être combattue que par la preuve, que le préjudice est dû à une cause complètement extérieure à l'homme, cas fortuit, ou force majeure.

Nous avons dit : jurisprudence ou législateur et ici nous rejetons nécessairement le postulat de certains tribunaux (2) qui estiment que dans la matière qui nous occupe une réforme, si souhaitable

1. Cf. Demogue, *op. cit.*, t. V, p. 364.
2. Trib. de Vienne. *D.H.*, 12 mars 1925, *D. H.* 19 mars 1925; Cour de Rennes. *D. H.*, 1925, p. 508; Trib. de Lyon. *Gaz. Trib.* 16 mars 1925; Trib. de Tulle. *Gaz. Pal.*, 19 fév. 1925.

qu'elle paraisse, ne saurait être réalisée que par une intervention législative. C'est là encore un point de vue singulièrement étroit, bien qu'il soit exprimé par nombre de juridictions, arguant les unes : du principe de la séparation des pouvoirs, les autres de l'absence de texte. Nous nous sommes, pensons-nous, suffisamment étendus sur la prétendue absence de texte. Evidemment il n'y a pas un texte concernant spécialement les automobiles, comme il en existe pour les animaux ou les bâtiments, mais nous avons vu qu'il existe un texte énonçant le principe général de la responsabilité du fait des choses et il est du devoir des tribunaux de donner à ce texte une interprétation permettant de donner satisfaction à des intérêts légitimes. Ce faisant, ils n'empiéteront d'ailleurs en aucune matière sur le domaine législatif. Là où n'existe aucun texte, ni aucune tradition coutumière, les tribunaux ne sauraient certes suppléer à la carence du législateur. Mais ce n'est pas le cas, ici nous nous trouvons dans le champ précis de l'activité jurisprudentielle. En d'autres hypothèses sa légitimité n'a jamais été mise en doute, aucune raison n'apparaît pour la contester quand il s'agit d'interpréter un texte. De nos jours la jurisprudence joue un rôle indéniable dans l'élaboration du droit positif et cette constatation, qui ne signifie nullement que l'élément légal soit pour cela diminué, justifie des évolutions identiques à celles que nous avons retracées précédemment et qui suivent les variations du droit. La conception moderne du droit milite en faveur de cette thèse (1). Au demeurant les craintes d'un empiétement du judiciaire sur le législatif paraissent de nos jours quelque peu désuètes; l'attitude en la matière de la Cour de cassation n'a pu, depuis plus d'un siècle, donner lieu à critiques de la part des susceptibilités les plus délicates (2).

§ 2. — Examen des arguments invoqués contre l'application de l'article 1384

Ayant examiné les observations préliminaires d'ordre général concernant la question qui nous préoccupe, nous allons désormais entrer dans le détail des arguments mis en avant par la jurisprudence qui refuse d'appliquer l'article 1384 aux automobiles en mouvement.

Chose curieuse, la jurisprudence récente, celle qui est postérieure à l'arrêt de cassation du 29 juillet 1924, ne paraît pas se soucier d'une argumentation très précise et abondante en la matière. Les partisans de l'extension de l'article 1384 § 1er aux accidents d'automobiles se bornent, pour la plupart, à faire état de la décision de la Cour, qu'ils considèrent comme une décision de principe sans d'ailleurs en donner la raison et appliquent sans autres considérants la présomption générale de faute dans les termes posés par la Cour. Rares sont ceux qui, tout

1. Bonnecase, *op. cit.*, p. 391.
2. Faye, *op. cit.*

en se référant à la décision du 29 juillet, cherchent à étayer par des considérations d'ordre général leur décision. A ce titre citons un jugement très remarquable du Tribunal civil de Lectoure (1). Dans le camp adverse les jugements estiment que l'arrêt précité n'a pas la portée que l'on veut bien lui donner, qu'il n'a tranché qu'une question d'espèce. Du moins, nombreuses sont les décisions qui, ainsi que nous l'avons vu ci-dessus, donnent la raison de leur manière de voir sur ce point (2). Mais celui-ci établi, le plus grand nombre s'en tient là; la distinction traditionnelle du fait de l'homme et du fait de la chose leur paraissant comme allant d'elle-même, puisqu'elle a pour elle la tradition, ce qui supprime toute justification supplémentaire. Nous trouvons cependant quelques considérants qui méritent d'être relevés.

Un premier argument, exprimé dans un attendu de la Cour de Nîmes, doit tout d'abord retenir quelque peu l'attention, bien qu'il ne soit qu'une affirmation sans aucune preuve à l'appui. Pour la Cour l'article 1384 ne s'applique aux accidents d'automobiles en marche qu'exceptionnellement : « Attendu qu'ils sont imputables la plupart du temps à une faute du conducteur ou à un autre fait de l'homme. » Cette opinion est-elle exacte dans la réalité? Si nous consultons les statistiques nous trouvons sans doute des chiffres qui corroborent cette manière de voir. Une

1. *D. H.*, 1925, p. 400, D. P. 1925.2.105 et la note de M. Josserand.
2. Voir page 45.

commission américaine, instituée en 1923 par le Secrétaire d'Etat Herbert Hoover, s'est livrée sur ce point à une enquête. Des statistiques qu'elle a établies, il résulterait que la faute est imputable 37 fois 0/0 à l'automobiliste, 17 fois 1/2 0/0 aux conditions physiques et naturelles et 45 fois 1/2 0/0 aux piétons (1). Ces résultats paraissent impressionnants, si l'on tient compte que la faute, soit du conducteur, soit du piéton, relève du fait de l'homme et non du fait de la chose. Ce qui revient à dire que 82 1/2 0/0 des accidents ont pour origine un fait de l'homme et 17 1/2 0/0 seulement un fait de la chose. Toutefois ces chiffres comportent quelques observations. Nous ne connaissons pas selon quelle méthode a été effectuée l'enquête. A-t-on classé les accidents d'après les décisions rendues par les tribunaux ou, seulement d'après les données de l'enquête administrative? A Paris, aucune statistique de ce genre n'est dressée par la Préfecture de Police, qui estime, non sans raison, que la base même du classement : à savoir la version de l'accident, se trouve des plus controversées.

Quant aux chiffres des piétons, il importe de remarquer que son importance tient uniquement au nombre de ceux-ci par rapport aux automobiles en circulation. Toutefois ces constatations montrent que l'on est bien obligé de tenir compte de l'élément intellectuel, lequel joue un rôle de premier plan dans la conduite et la direction de l'automobile.

1. *New-York Times*, 23 nov. 1924.

C'est ce que la Cour de Riom exprime en ces termes :

« Si cette responsabilité (de l'article 1384) peut s'admettre en matière d'accidents occasionnés par une automobile, par suite d'un manque d'entretien ou de la rupture d'un organe essentiel, enlevant à l'homme, qui la conduit, la direction et la maîtrise de sa voiture; on ne saurait l'étendre au dommage que cause une automobile en parfait état de marche, obéissant à la direction plus ou moins experte, mais intelligente de l'homme (1). »

L'action réfléchie et raisonnée de l'homme l'emporte et commande à l'action de la machine et cette constatation est si vraie, estiment les tribunaux dont nous examinons l'argumentation, que « faire abstraction de l'élément intellectuel qui joue pourtant un rôle prépondérant dans le fonctionnement normal de l'automobile entraînerait cette conséquence regrettable, au point de vue de la sécurité, de rendre inutile pour le chauffeur les précautions les plus élémentaires et de placer, en cas de collision de deux automobiles, leurs conducteurs respectifs dans la même situation juridique, sans qu'il puisse être fait état de la prudence méritoire de l'un d'eux et de la témérité de l'autre (2). »

Idée qui est reprise sous une forme analogue par le Tribunal de commerce de la Seine (3) :

1. C. de Riom, 22 janv. 1925. *D. H.*, 1925, p. 25.
2. Trib. civ. de Bordeaux, 9 décembre 1924. *D. H.*, 8 janv. 1925.
3. Trib. de Com. de la Seine, 22 avril 1925. *Gaz. Pal.*, 15 mai 1925.

« Attendu qu'adopter la thèse d'apparence juridique, de voir édicter par justice une présomption de responsabilité à la charge de tout conducteur de véhicule heurtant un tiers, aurait pour conséquence fâcheuse et de faire abstraction des éléments intellectuels qui lors de la circulation jouent un rôle prépondérant et de rendre superflue toute prudence du conducteur et d'aboutir à des décisions pour le moins étranges, notamment en cas de collision... »

Ces deux citations montrent parfaitement le point de vue de la jurisprudence. L'homme est un être raisonnable, il a une intelligence, qui lui permet de saisir la portée de ses actes. C'est cette faculté qui se trouve à la base et justifie la responsabilité qui lui incombe quand ses actions se sont avérées comme étant de celles qui ne sauraient s'appuyer sur un motif de raison. Il importe donc au plus haut degré de tenir compte de cet élément, source première de responsabilité et sans lequel on ne saurait vraiment la concevoir (1). Mais ces considérations philosophiques ne sont, il faut bien le reconnaître, qu'accessoires dans l'argumentation que nous avons sous les yeux. En présence chaque jour des faits et de la réalité, les tribunaux recherchent, avant tout, les considérations d'ordre pratique. Or la suppression du facteur intelligence entraînerait deux conséquences graves.

La première : les chauffeurs n'auraient plus au-

1. Planiol, tome II, 6e édition, p. 287.

cun intérêt à prendre des précautions, puisqu'en cas d'accidents leur situation serait identique, qu'ils aient été prudents, habiles, ou au contraire téméraires et maladroits. Idée que développe fort bien la Cour de Rennes (1) quand elle constate que dans nombre de cas l'accident « ne se serait pas produit si l'automobile avait été dirigée par un conducteur plus prudent et plus avisé, par un conducteur s'étant scrupuleusement conformé aux prescriptions des règlements en vigueur ». Au fond cette argumentation revient exactement à celle que tiennent les tenants de la notion de faute comme élément essentiel de la responsabilité. Il y a faute parce que le responsable « ne s'est pas conduit comme il aurait dû se conduire, qu'il n'a pas fait ce qu'il aurait dû faire (2) ». Mais à ce point de vue il y a une réponse qui nous paraît péremptoire. Avec la doctrine de la faute présumée, ou même avec la théorie « du risque créé », si on aboutit à reconnaître dans la plupart des cas la responsabilité de l'auteur du dommage, celui-ci conservera un intérêt tout aussi considérable à se montrer habile et prudent. Il évitera en effet les accidents dus à sa propre activité, à ses initiatives malencontreuses; subsisteront seuls ceux qui vraiment sont le fait de la chose (3). Or étant donné que dans les deux interprétations on aboutit au même résultat pratique : la réparation du dommage sous forme pécu-

1. C. de Rennes, précité. *D. H.*, 1925, p. 508.
2. Colin et Capitant, *op. cit.*, p. 377.
3. L. Josserand, note citée.

niaire, l'automobiliste dans le second système aura un plus grand intérêt à éviter les accidents, puisque sous ce régime leur répercussion sur son patrimoine sera en quelque sorte automatique. On peut même prétendre qu'il aura à se montrer plus prudent et plus avisé, car dans le système de la faute, l'existence du dommage ne suffisant pas à constituer le conducteur responsable, il peut encore bénéficier de l'impossibilité où sera la victime d'établir une faute à son actif. Le champ de son irresponsabilité étant plus grand, sa vigilance dans ce cas n'a pas besoin d'être poussée à son extrême limite.

La deuxième conséquence relevée par les décisions que nous examinons est celle de l'identité de situation juridique en présence de laquelle on se trouve en cas de collision. Nous avouons ne pas comprendre cette objection quand il y a eu collision de deux voitures automobiles. Dans le système de la présomption de faute les deux pilotes se trouvent automatiquement responsables; comment les départagera-t-on? Mais, comme le remarque justement M. Ripert, les deux présomptions s'annulent et on retombe dans la nécessité pour l'un d'établir une faute à l'égard de l'autre! En quoi ce résultat serait-il la condamnation du système? c'est là une chose que nous n'apercevons pas. Les défenseurs de la faute présumée n'ont jamais banni de leur raisonnement la notion de faute, bien au contraire, puisqu'ils la présument. Dans le cas de collision les deux pilotes sont présumés en faute mais chacun conserve le droit de montrer qu'une faute caractérisée se trouve être imputable à l'un d'eux. Cette démonstration aura pour résultat de faire de l'adversaire l'auteur et le responsable de l'accident. Plus délicat sans doute est le cas de collision avec un autre véhicule, situation relevée par le Tribunal de commerce de la Seine (1). Doit-on appliquer la présomption à tout véhicule, « voiture à bras, voiture d'enfant, bicyclette » ou au contraire ne la réserver qu'à certaines catégories de véhicules, en particulier les automobiles. C'est là une question que nous nous bornons ici à signaler, nous réservant d'y revenir quelques pages plus loin, car elle nous paraît commandée par certaines considérations qui trouveront leur développement ci-après.

Ces conséquences du rôle de l'élément intellectuel se trouvent renforcées sinon même condensées dans une remarque qui présente un caractère plus général. L'automobile ne saurait être considérée en définitive que comme un instrument entre les mains de l'homme. Cet argument est peut-on dire l'argument principal de la thèse que nous examinons, il est repris et développé par la plupart des arrêts (2).

1. Trib. com. de la Seine. *Gaz. Pal.*, 15 mai 1925. — Egalement Tr. civ. de Montpellier, 17 juin 1925. *Rec. pér.*, 1925., p. 234.

2. Cour de Nîmes (*D. H.*, 1925, p. 151); Trib. de Narbonne, *D. H.*, 1925, p. 531 ; Cour de Poitiers. D. P. 1925.2.47 ; Trib. de Vienne *D. H.*, 1925, p. 216; Trib. de Lyon. D. P. 1925.2.46. Ce motif se rencontre d'ailleurs dans la plupart des arrêts antérieurs, il était celui de l'arrêt de cassation du 11 mars 1911.

« Attendu, expose la Cour de Nîmes, qu'il n'y a pas à proprement parler fait de la chose, mais véritablement fait de l'homme, lorsque la chose actionnée par celui qui en a la maîtrise n'est qu'un instrument entre ses mains et qu'elle ne fait qu'obéir à son impulsion et à sa direction; dès lors le dommage est causé non par la chose, mais par l'homme. »

Où encore comme la Cour de Rennes :

« Considérant, que l'automobile est une voiture actionnée par celui qui en a la maîtrise, qu'elle n'est qu'un instrument aux mains du conducteur, qu'elle obéit à son impulsion et à sa direction et que dès lors, lorsqu'un accident se produit, il n'y a pas véritablement le fait de la chose, que le plus souvent le dommage qui en résultera sera causé par le fait de l'homme dirigeant la chose (1). »

Ces citations développent exactement l'argument, dont il convient d'examiner la valeur. C'est le point central de la discussion et qui détermine la position que l'on peut prendre en la matière. Tout d'abord il importe de remarquer qu'il se trouve en connexion étroite avec le précédent. Il est la manifestation extérieure et tangible de l'élément intellectuel. L'homme exprime sa personnalité sous forme d'actes volontaires, en rapports avec ses facultés intellectuelles. Il est susceptible d'une action raisonnée et capable d'imprimer, dans la mesure de ses forces, ou des moyens dont il dispose, une action déterminée, vou-

1. A. cit.

lue par lui, aux choses et à la matière en général. Cette assertion dans le domaine des faits concrets ne saurait être mise en doute et dans la majorité des cas où l'action de l'homme se rencontre, elle joue généralement un rôle prépondérant. Mais encore convient-il d'analyser d'une façon convenable ce rôle. Si dans certains actes, il s'avère comme ayant une importance incontestable, il est alors juste d'y voir un fait de l'homme. C'est incontestablement le fait du bâton manié par l'homme, de la canne avec laquelle on cause un accident; mais peut-on assimiler une canne à une automobile? Cela nous paraît fort contestable. M. Josserand y voit une boutade sans valeur juridique. Il n'y a pas que l'homme qui joue un rôle en matière d'automobile, la voiture possède un dynamisme propre, dont il convient de tenir le plus grand compte. « La machine, note avec juste raison M. Capitant, prend ici une telle importance qu'elle ne peut plus être considérée comme le simple prolongement du bras de l'homme (1). »

Il ne saurait être mis en doute que dans une automobile en marche deux forces se trouvent en action et collaborent : une force résultant de l'action de l'homme, une force issue de la machine elle-même. Quelle est celle qui joue le rôle principal? Au point de vue dynamisme c'est la machine qui l'emporte, la preuve en est évidente quand un dérangement se produit dans les organes de direction. Mais ne s'impose-

1. Capitant, *La Responsabilité des accidents causés par les automobiles. Gazette Dalloz*, 1923, p. 77.

t-elle pas encore en cas d'inattention, si brève soit-elle et même dans nombre de cas ne multiplie-t-elle pas dans une proportion bien autrement considérable l'impulsion donnée par l'homme. Les chauffeurs eux-mêmes ne disent-ils pas fréquemment que leur machine a fait une embardée, montrant ainsi que leur rôle a été secondaire dans ces mouvements inattendus de la voiture, dus à la vitesse, à la force du moteur, dont le rendement est susceptible de variations considérables suivant le temps, la température, l'usage, l'âge, le carburant et les lubréfiants. Le moteur a une vie propre et les professionnels ne le considèrent pas autrement, puisque toutes leurs expressions à ce sujet expriment cette considération sous des formes diverses, mais très symptomatiques. Or cette force, force mystérieuse, l'homme sans doute la dirige, mais l'asservit-il au point d'en être toujours maître? Les faits démontrent hélas le contraire. Comme l'a fort bien noté la Cour de Poitiers dans un attendu, justement repris en partie par le tribunal de Lectoure, « il est en effet indéniable qu'entre la volonté, qui commande, et la chose inerte, qui obéit, subsiste toujours la matière, élément qu'on ne peut éliminer et dont le rôle, si assoupli soit-il, ne cesse de conditionner l'impulsion qui l'anime et que c'est précisément l'existence irréductible de cet inconnu qui légitime... la présomption de l'article 1384 (1). »

Lors d'un accident survenu au Grand prix de

1. C. de Poitiers, 2e Ch. D. P. 1925.2.48.

l'Automobile Club en 1925, des spécialistes expliquèrent, dans les revues d'alors, que la moindre déviation due à une cause quelconque, se trouvait, quand la voiture marchait à une grande vitesse, multipliée et accusée dans des proportions considérables.

Cet exemple caractéristique montre combien le rôle de l'homme peut être diminué par sa conjonction avec celui de la machine, diminué au point qu'en maintes hypothèses, il peut être considéré comme complètement transformé et pour tout dire annihilé.

Une autre preuve de cette situation nous la trouvons dans les décisions se rapportant à des accidents provoqués par un dérapage de la voiture, par une pierre projetée par une des roues, et qui est allée frapper un passant ou briser la glace d'une devanture. Où est l'action de l'homme? voilà qui n'est pas sans embarrasser gravement les juridictions qui tiennent à la distinction. Pour découvrir une faute et motiver leur condamnation, car rares sont les tribunaux qui acquittent en effet, ils arrivent à des subtilités, dont on trouve un curieux exemple dans un jugement du tribunal de Vienne (1), qui, par un raisonnement subtil, parvient à étendre la notion de faute aux confins de la notion de risques : « Attendu, qu'il faut considérer que ce qui est fortuit c'est la présence de la pierre sous le pneu, mais que l'effet de celui-ci sur cette pierre n'a nullement ce caractère, qu'il doit être prévu par l'homme normalement pru-

1. *Journal des Ass.*, juin 1925. D. P. 1926.2.21 et la note de M. H. Lalou.

dent et averti, que ce défaut de prévision même constitue une faute. »

Ce sont là des arguties qui montrent bien à quels procédés sont réduits les juges qui veulent maintenir la distinction et cette constatation même la condamne.

Comme le faisait judicieusement remarquer M. Courtois, l'automobile « possède une vie artificielle, qui produit de la vitesse comme les organes de notre corps s'acquittent de leurs fonctions (1) » et nous ajouterons qui est susceptible d'actions et de réactions propres à l'égard desquelles le rôle de l'homme est fort secondaire. Le cas de la pierre projetée par l'action du pneu, du dérapage ou de l'embardée dû au mauvais état de la route, alors même que le conducteur marchait avec la plus grande prudence, etc., montre avec évidence qu'il n'y a pas faute personnelle du chauffeur, qu'il s'est trouvé le jouet et la première victime des éléments (2). Combien plus juste apparaît le raisonnement de la Cour de Riom, qui reconnaît que la fameuse distinction « repose sur une confusion entre la cause de l'accident et l'occasion à raison de laquelle il se produit; qu'il est évident qu'une chose inanimée et notamment une machine conduite par la main de l'homme est susceptible de produire par elle-même un accident en dehors de toute faute de la part de celui qui la dirige; que si l'accident se produit dans ces conditions la machine apparaît

1. Courtois., art. cit.
2. C. de Nancy, 27 mars 1925. *Journal des Ass.*, p. 168.

comme la seule cause génératrice de l'accident, la mise en marche de cette machine par l'intervention humaine ne constituant que la cause occasionnelle (1) ». Cette cause occasionnelle ne saurait constituer une faute à l'actif du conducteur, puisqu'il lui est licite de piloter une automobile. Donc dans de multiples hypothèses l'accident se produit parce que le pilote n'est plus maître de sa machine, il en a perdu le contrôle; c'est la chose qui agit, non l'homme, qui reste étranger à la cause génératrice de l'accident (2). Pourquoi la jurisprudence veut-elle qu'il y ait fait de l'homme, plutôt que fait de la chose. Elle établit ainsi une présomption; car ne devraient rentrer dans la catégorie des faits de l'homme que les fausses manœuvres, les violations de règlements caractérisées; articulations, qui pour l'article 1382, correspondent aux vices de la chose pour l'article 1384. Mais dans tous les cas intermédiaires entre ces deux sortes de faits, pourquoi vouloir donner la préférence à une présomption basée sur l'article 1382, alors que celle qui s'appuie sur l'article 1384 peut se justifier beaucoup mieux, par cette considération que l'homme en général a une propension naturelle à éviter les accidents? (3)

L'article 1382 l'a emporté auprès de la jurisprudence étant donné les conditions traditionnelles de

1. C. de Riom. D. P. 1925 2.45.

2. H. Mazeaud, *La faute dans la garde* (*Rev. Trim.*, 1925, p. 793).

3. Trib. de Lectoure, cit.

la responsabilité délictuelle. Mais cette considération si respectable qu'elle puisse être, ne saurait résister en face des résultats auxquels aboutit la distinction du fait de l'homme. M. Capitant a montré d'une manière expressive ce qu'avait d'illogique la méthode jurisprudentielle. « Je place un vase de fonte sur un pilier sans l'y assujettir suffisamment, et il tombe. La personne blessée par sa chute n'aura pas besoin de prouver ma faute... J'arrête mon automobile sur une pente, elle s'ébranle et écrase un enfant qui joue auprès. C'est bien la chose qui a causé le dommage j'en suis responsable de plein droit à moins que je ne prouve la faute d'un tiers. Mais si l'accident s'est produit au moment où le chauffeur démarrait c'est à la victime à prouver la faute (1). » Tout cela, ajoute l'éminent professeur, est subtil et contraire au bon sens. En effet avec la distinction que fait la jurisprudence, on arrive à ce résultat pour le moins bizarre que le gardien de la chose, qui a contribué par son intervention personnelle à l'accident, se trouve, pour résister à la demande en dommage-intérêt, dans une situation plus favorable, que celle faite au gardien, qui n'a en somme d'autre faute à se reprocher, que d'avoir eu sous sa garde la chose cause de l'accident (2). Ainsi c'est au moment précis où la présomption de faute se justifie le mieux, puisqu'elle s'appliquerait à des hypothèses où les possibilités

1. Capitant, art. cit., *Dr. Civ.*, t. II, p. 403, note. 4; Josserand, *Les Transports*, n° 1020.

2. Trib. de Lectoure, cit. Ripert, note cit. D. P. 1925.1.5.

de fautes se trouvent accrues, que la jurisprudence critiquée abandonne ce point de vue, pour en revenir au droit commun de la faute. Elle arrive à ce résultat, au moins paradoxal, de faire abstraction de l'automobile à l'instant, où, entrant en action, elle devient particulièrement dangereuse.

Cette inconséquence, les tribunaux dont nous critiquons la manière de voir l'ont sans nul doute aperçue et y ont répondu par avance en présentant deux objections, qu'il convient d'examiner. Si on applique l'article 1384 à tous les accidents d'automobiles, on en vient à cette idée que la responsabilité du dommage est la suite nécessaire du droit de propriété, en un mot on introduit la notion de risque créé dans notre droit, notion qui lui est étrangère et qui justement a été expressément jusqu'à ce jour rejetée par la Cour de cassation (1).

« Si l'on écarte cette distinction, expose la Cour de Nîmes (2), on serait amené à poser en principe que celui qui se sert d'une chose doit toujours être présumé en faute sans que la victime ait à faire la preuve d'un quasi-délit et l'on institue ainsi un risque que ne prévoit pas l'état actuel de notre législation (3). » Cette opinion, chose curieuse, se trouve confirmée dans les attendus d'un jugement, qui lui, s'est rallié à l'application intégrale de la présomption de faute. Le tribunal de Lectoure n'hésite pas à re-

1. Planiol, t. II, p. 309 ; Colin et Capitant, *op. cit.*, p. 401.
2. D. P., 1925.2.47.
3. *Idem*, Cours de Poitiers (2e ch.) D. P. 25.2.47.

connaître que c'est bien à quoi tend la nouvelle interprétation. « Combien plus soutenable est la nouvelle jurisprudence, déclare-t-il, qui en élargissant le champ d'application de l'article 1384 § 1er abandonne chaque jour davantage l'ancienne théorie de la faute aquilienne pour se rapprocher de la théorie du risque, jusqu'à se confondre avec elle, du moins quant aux résultats. »

Nous ne saurions ici, dans ce sujet spécial, revenir sur la théorie qui fut développée par MM. Saleilles et Josserand dans des ouvrages fort remarqués et dont les thèses donnèrent lieu à une abondante littérature. Nous avons précédemment exposé succinctement les grandes lignes de cette doctrine qui a rencontré des oppositions déterminées (1). Bornons-nous ici à constater qu'en dépit de l'opinion du tribunal de Lectoure l'adoption de la présomption de faute ne conduit pas nécessairement à l'adoption de la notion de risque créé. Cette dernière construction juridique diffère énormément de la précédente, quant à son point de départ (1). Quant à ses résultats si elle paraît au premier abord ne pas s'en séparer, elle présente cependant quelques divergences, qui montrent bien que le domaine de l'une et l'autre ne sont pas identiques. Notamment il n'est pas douteux que les cas fortuits restent à la charge du proprié-

1. Colin et Capitant, *op. cit.* ; Demogue, *op. cit.* ; Bettremieux, *Essai historique et critique sur le fondement de la responsabilité en droit français*, thèse Lille, 1921 ; H. Mazeaud, *La faute dans la garde* (*Rev. trim.*, 1925, p. 793 et suiv.).

taire, alors qu'ils ne sont pas à la charge du gardien. Quand la chose est sous la garde d'une personne qui n'est pas préposée du propriétaire, ce dernier n'est plus responsable, il le serait au cas contraire. Enfin logiquement la faute de la victime ne serait pas une condition nécessaire et suffisante pour l'exonération du propriétaire, tandis que dans la doctrine de la présomption de faute, elle suffit. Dans les deux doctrines on obtient sans doute le renversement de la preuve, mais cette charge est moins lourde et son administration plus facile dans l'une que dans l'autre. Quoi qu'il en soit de ces divergences, il convient de constater qu'actuellement la théorie du risque paraît abandonnée par la jurisprudence, qui s'en tient à la présomption de faute, avec cette aggravation que celle-ci ne saurait être détruite par la preuve de l'absence de la faute, ou que la cause de l'accident est restée inconnue. Cette construction est d'autant plus remarquable qu'elle constitue une interprétation logique des textes du code par la jurisprudence, qui, sans rompre avec la notion traditionnelle de faute, arrive à les adapter aux nécessités nouvelles.

Seulement, et c'est ici que se présente la deuxième objection : Si une présomption de faute découle de l'article 1384 § 1er, elle doit naturellement s'appliquer à toute chose. C'est l'opinion du tribunal de Vienne qui voit dans cette résultante l'absurdité de la théorie : « Attendu que ce qui serait vrai pour le cas d'accident par suite d'usage d'une voiture automobile devrait être vrai dans tous les cas, qu'il s'agisse de véhicules d'autres sortes, d'engins ou choses inanimées quelconques; qu'une telle conséquence suffit à faire écarter l'application générale de l'article 1384 § 1er (1). » Cet argument au premier abord paraît particulièrement redoutable. Nous retrouvons ici sous un aspect plus général la question que nous avions laissée en suspens, concernant la responsabilité en cas de collision. Appliquer l'article 1384 aux automobiles qui obéissent fidèlement à la volonté et à la direction de l'homme doit conduire logiquement à l'admettre pour tous les objets inanimés, qui d'une façon générale n'ont aucune vie et qui ne peuvent qu'obéir fidèlement aux mouvements qu'on leur imprime. On aperçoit les conséquences auxquelles conduit cette généralisation : la canne ou l'outil le plus élémentaire sont susceptibles de provoquer par un geste maladroit ou imprudent un accident. Devra-t-on appliquer la présomption de l'article 1384? Ce qui est vrai pour l'automobiliste l'est *a fortiori* pour ces instruments-là. Poussant à l'extrême limite les conséquences, M. Savatier arrive à cette conclusion que pour les membres eux-mêmes, qui ne sont que des exécutants, la responsabilité des actes commis tomberait sous l'application de l'article 1384. De telle sorte que l'article 1384 § 1er deviendrait le droit commun en matière de responsabilité; l'article 1382 restant à peu près sans aucune application pratique. « La voie dans laquelle on s'avance, observe le distingué annotateur, aboutit à renverser d'une manière géné-

1. Trib. civ. de Vienne. *D. H.*, 1925, p. 215.

rale la charge de la preuve de la faute en présence de tout dommage causé par l'activité d'un individu (1). » Ce qui revient à dire que, d'une façon détournée mais certaine, on arriverait aux mêmes résultats que ceux donnés par la théorie du risque. On serait désormais automatiquement responsable par le seul fait de la détention ou de la possession de la chose cause du dommage. La notion de faute deviendrait lettre morte. C'est toute une construction juridique millénaire qui s'effondre. L'objection est importante et cette conséquence paraît avoir fait impression sur deux autres annotateurs : M. Esmein et M. Ripert. Ce dernier en particulier a très bien senti l'objection et a cherché un critérium permettant de définir la portée de l'article 1384 § 1er. Il lui paraît tout d'abord impossible de se contenter de dire que son application serait réservée aux choses ayant un dynamisme propre car ce serait justement revenir à la distinction du fait de la chose, distinct du fait de l'homme, conception qui vient justement d'être abandonnée par la Cour de cassation. Il croit cependant pouvoir trouver un critérium dans le caractère dangereux de la chose, tout en ne se dissimulant pas qu'il y aura des cas où la distinction se trouvera difficile à faire. Mais alors, retorque M. Savatier, c'est abandonner les principes essentiels de la jurisprudence actuelle, qui, elle, ne fait pas cette distinction. En effet il n'y a point de choses qui, sous un certain rapport, ne puissent être considérées comme dange-

1. Savatier, note cit. D. P. 1925.2.411.

reuses. Le caractère dangereux de la chose n'apparaît souvent que parce qu'un dommage a été causé par cette chose. Dès lors si l'on permet au gardien de s'exonérer de sa responsabilité en arguant que la chose n'était pas dangereuse, c'est par voie de conséquence admettre que celui-ci n'a commis aucune faute et qu'il peut se libérer en prouvant qu'il avait pris toute précaution utile eu égard à la chose gardée. Or cette interprétation, ainsi que nous l'avons vu précédemment en étudiant l'évolution de la jurisprudence en matière de responsabilité du fait des choses en général, se trouve en contradiction avec la position prise en la matière par la Cour de cassation depuis ses arrêts de 1914 et surtout ceux de 1919.

Cette manière de voir, résultat d'une déduction fort bien conduite, ne paraît pas cependant entièrement convaincante. Dans la réalité on fait très nettement la distinction entre certaines choses, qui sont manifestement dangereuses et d'autres, qui ne le sont pas et ne le deviennent que par suite d'un concours de circonstances telles qu'on ne peut leur assigner originairement ce caractère.

Néanmoins et c'est là qu'est la difficulté, il importe de trouver une ligne de démarcation entre ce qui doit être du ressort de l'article 1382 et ce qui tombe sous l'article 1384 § 1er. Quelles sont les choses pour lesquelles l'action de l'homme reste prépondérante? quelles sont celles au contraire pour qui ce rôle n'est que secondaire? Quel critérium permettra d'effectuer cette détermination entre les choses, dont l'usage en toute occurrence ne peut être considéré que comme un corollaire de l'action de l'homme, et celles dont l'usage par l'homme ne constitue que l'élément occasionnel. Cette distinction est nécessaire, si l'on ne veut pas être taxé d'arbitraire (1).

A ce sujet M. Esmein nous paraît avoir émis quelques idées précises et du plus haut intérêt (2). Il observe tout d'abord que doit être considéré comme restant sous l'application de l'article 1382 toutes les hypothèses où le dommage est provoqué par la force musculaire, la chose n'étant qu'un simple instrument. Ici sans contestation possible nous sommes en présence du fait de l'homme, il n'y a qu'une force en présence, laquelle agit et imprime à l'inertie de la matière les mouvements qu'elle accomplit. Par opposition, on se trouve, dès lors, conduit à admettre que l'article 1384 s'appliquera là où la chose est animée d'un mouvement propre. Peu importe, ajoute M. Esmein, que ce mouvement ait été organisé, déclenché ou dirigé par l'homme. Plutôt que mouvement qui n'exprime qu'un résultat, nous préférons généraliser et dire : force. M. Esmein a très bien observé que devait tomber sous l'application de l'article 1382 les dommages résultant de la force musculaire, doivent donc au contraire tomber sous l'article 1384 toutes les choses, qui sont susceptibles d'extérioriser une

1. Cette critique nous semble méritée par M. Mazeaud, sa distinction intéressante entre la garde matérielle et la garde juridique ne résoud pas cette question, art. cit.

2. Note citée.

force indépendante de la force humaine. Et si ces deux forces se trouvent en conjonction pour réaliser un but commun, seule devrait être prise en considération celle qui, par son importance mécanique, l'emporte. La force humaine est du ressort de l'article 1382, les forces qui potentiellement lui sont supérieures doivent rentrer dans le cadre de l'article 1384. Nous sommes donc ici en présence d'un simple problème de composition des forces, dans lequel intervient l'intensité respective des diverses forces en présence. La comparaison d'intensité et de grandeur des forces est une opération élémentaire, peu susceptible d'appréciations divergentes et qui nous paraît donner un critérium facile pour la démarcation cherchée. C'est justement l'existence de ces forces qui sont supérieures à l'homme, avec lesquelles sans doute il peut composer, dont il peut être à certains moments le maître, à certains autres la première victime, qui constitue le caractère dangereux de certaines choses inanimées. C'est parce qu'une force s'est manifestée d'une façon inopportune que la chose est devenue dangereuse et c'est pour faire en sorte que socialement cette manifestation ait lieu le plus rarement possible, que la jurisprudence tend, avec raison, à attacher la responsabilité à la garde de la chose et lui imprime un caractère rigoureux en vue d'imposer la prudence la plus sévère à ceux qui emploient de telles choses. C'est là qu'apparaît l'illogisme d'une jurisprudence, qui en matière d'automobile déclare que la garde de la chose disparaît devant l'usage, comme par exemple le Tribunal de Vienne (1), qui estime que « si celui qui se sert d'une chose et l'actionne en a en même temps la garde, cette obligation de garde se confond tellement avec l'usage qu'il en fait, qu'il est impossible de les concevoir séparément; la direction et l'usage de la chose impliquant forcément la garde de cette chose et la responsabilité, résultant du fait de l'homme, par l'usage qu'il fait de la chose, absorbe celle qui lui incombe en tant que gardien de cette chose. » Certes, le Tribunal dit fort bien, la direction et l'usage de la chose implique forcément la garde de cette chose, mais par contre n'absorbe pas la responsabilité attachée à la garde, c'est au contraire au moment où l'usage de la chose commence, que la garde doit devenir encore plus sévère, parce qu'un facteur nouveau intervient : les forces mises en action, lesquelles sont susceptibles à tout instant de faire acte d'indépendance. Il n'y a plus usage, le pilote n'use plus de la chose, il la subit, il ne reste que la garde, garde non matérielle, mais juridique, laquelle a son fondement dans le trouble social (2)

Cette responsabilité attachée si justement à la garde trouve ainsi sa justification dans ce fait, qu'elle intervient toujours là où peut se manifester une force extérieure à l'homme et contre lequel il convient de le mettre en garde. En quoi la jurisprudence de la Cour ne fait qu'une juste interprétation des articles 1384 et

1. Vienne, *D. H.*, 1925, p. 194.
2. Mazeaud, art. cité ; Demogue, *op. cit.*, t. V, p. 384.

suivants du Code. Sans doute c'est à cause du danger que présentent les choses visées aux article 1385-1386, que le législateur a fait peser sur le gardien de ces choses une présomption de faute. Mais si l'on veut bien remarquer que ces articles se réfèrent à deux forces extérieures à l'homme : force des animaux, force de la pesanteur, qui étaient à cette époque les deux forces les plus connues et les plus générales, on peut comprendre que notre jurisprudence ait raison de soumettre à la généralité de l'article 1384 § 1er les diverses forces thermiques, mécaniques, électriques, dont l'ère du machinisme a vu la naissance et l'utilisation.

Le Code a prévu une disposition particulière pour les animaux, dont les plus usuels étaient les chevaux, qui alors servaient dans toutes les opérations de transport, diligence, roulage. N'est-ce pas dès lors obéir à son esprit que d'appliquer un régime analogue aux machines modernes, comme les locomotives ou les automobiles qui jouent le même rôle. On objecte que ce faisant on donne la prépondérance à l'article 1384 § 1er aux dépens de l'article 1382, lequel cependant est le droit commun, l'autre ne constituant que l'exception. Nous répondons : l'article 1382 demeure applicable quand il n'est pas douteux que la force musculaire de l'homme joue le rôle prépondérant. Il demeurera encore le fondement de toute responsabilité dans tous les cas, où, comme le fait remarquer M. Josserand, l'homme aura causé un préjudice par ses propres moyens sans intervention d'objets quelconques : par la parole, la plume, l'intervention illicite et dans le domaine toujours plus extensible de l'abus des droits (1).

A l'article 1384 doit, au contraire appartenir toutes les choses qui par leur nature sont susceptibles d'extérioriser une force surpassant potentiellement la force humaine et par là même exigeant une garde particulièrement attentive et vigilante, qui ne doit pas être mise en défaut. Mais si cette garde s'est avérée inefficace, peu importe que ce résultat soit dû à un fait autonome ou non. Cette manière de voir trouve sa confirmation dans la loi du 7 novembre 1922, concernant la responsabilité du risque locatif. Cette loi est considérée, à juste titre, comme ayant un caractère interprétatif (2). Or elle reconnaît implicitement la doctrine que nous exposons par le seul fait qu'elle en limite l'application dans un cas particulier, en plaçant celui-ci, un peu arbitrairement d'ailleurs et pour des raisons qui sont loin d'être juridiques, sous l'application de l'article 1382.

En définitive rien ne nous paraît contraire à la nature des choses que cette extension donnée à l'article 1384. Il n'est pas douteux que, si une refonte générale de notre Code était entreprise, le législateur serait très certainement conduit à donner au principe de la responsabilité du fait des choses inanimées une extension qui aurait pour conséquence de réduire immanquablement le champ d'application du

1. Josserand, note cit. D. P. 1925.2.105.
2. Cass. civ., 16 juillet 1925. *Rec. pér.*, p. 297.

principe de responsabilité basée sur la faute personnelle. Le rôle joué dans notre civilisation moderne par le machinisme est une situation, dont le législateur serait bien obligé de tenir compte. L'homme de moins en moins se sert d'objets simples, de plus en plus, il emploie des machines aux organes compliqués, animées d'actions et de réactions propres. Dès lors vouloir envers et contre tout maintenir la responsabilité du fait personnel revient à rien moins qu'à méconnaître toute l'évolution, mieux la révolution qui s'est produite dans le domaine économique. La jurisprudence, étant donné la mission, que de plus en plus on lui reconnaît, se doit de tenir compte de cet état de chose et si elle ne peut, comme le ferait le législateur, arriver d'un coup à des solutions définitives et arrêtées, du moins doit-elle chercher à en ouvrir les voies.

Les développements qui précèdent montrent donc que l'automobile doit tomber sous l'application de l'article 1384, alors qu'au contraire la voiture à bras, par exemple, sera régie par l'article 1382. En cas de collision, la question de responsabilité sera simple. Ou bien les deux véhicules, pour les raisons exposées, relèveront de l'article 1384. Conformément à l'interprétation de cet article, celui qui démontrera une faute à l'actif de son adversaire sera déchargé de la présomption, partant de toute responsabilité. Si les véhicules sont : l'un du ressort de l'article 1382, l'autre de l'article 1384, la présomption naturellement l'emporte, on se retrouve dans le cas général.

A bien examiner les choses la résistance d'une partie de la jurisprudence vient de l'esprit traditionnaliste de nos tribunaux, qui sont habitués à ne reconnaître une responsabilité que lorsqu'une faute ressort des éléments de la cause, tendance qui se manifeste même chez des juridictions, qui reconnaissent l'application de l'article 1384 et qui cependant ne peuvent s'empêcher de faire état d'une faute pour motiver leur jugement.

Cet état d'esprit trouve comme prétexte que la nouvelle interprétation, en ayant pour conséquence grave de constituer en état de faute, *hic et nunc* l'auteur du fait dommageable, leur interdirait l'examen détaillé des faits de la cause, examen que les juges considèrent comme une garantie de bonne justice (1). Cet examen, ils y tiennent beaucoup, car ainsi ils peuvent apprécier les faits, en graduer l'importance ou la répercussion et donner une décision en tenant compte. La nouvelle interprétation aurait le tort de lier d'une manière formelle la décision : « sans qu'il puisse être fait état de la prudence de l'un et de la témérité de l'autre (2) ». Cette manière de voir n'a pour elle que l'apparence. Avec le système de la présomption de faute, la responsabilité du chauffeur est susceptible d'appréciation variable, puisqu'elle peut être combattue par la preuve d'un cas fortuit, de force majeure ou d'une faute de la victime. En réalité la différence entre les deux inter-

1. Trib. comm. Angers. *D. H.*, 1925, p. 551.
2. Bordeaux, *D. H.*, 8 janvier 1925.

prétations réside dans la possibilité pour les tribunaux, qui s'appuient sur l'article 1382, de rejeter la demande de la victime en arguant qu'aucune faute n'a pu être retenue à la charge du conducteur. Mais c'est là une bien minime différence, largement compensée par les difficultés qu'ils rencontrent dans l'imputation d'une faute à l'actif du pilote, pour laquelle ils sont obligés dans certaines espèces, bris de glace, dérapage, de recourir à de véritables subtilités (1). L'arbitraire de certains considérants montre combien il serait préférable de faire nettement appel à l'article 1384.

Enfin, argument que nous aurons à développer plus longuement ultérieurement, les tribunaux en persistant à vouloir demeurer sur le terrain de l'article 1382 se trouvent fréquemment dans la nécessité de refuser tout recours à la victime, quand l'auteur de l'accident, poursuivi du chef des articles 319-320 du Code pénal, a été acquitté. Le domaine de ces deux articles se trouvant en étroite connexité avec les conditions traditionnelles de la faute, les tribunaux sont dans l'impossibilité de motiver leur jugement sans encourir le reproche de porter atteinte à la chose jugée. Cette conséquence est loin de satisfaire l'équité. Nous nous bornons à mentionner ici cette objection que nous reprendrons ci-après.

1. Trib. de Vienne précité. Cf. p. 76.

§ 3. — Arguments en faveur de l'application de l'article 1384

Dans les pages précédentes nous avons analysé et critiqué les arguments, rencontrés dans la jurisprudence récente, contre l'application aux accidents d'automobiles de l'article 1384. Ces arguments ne paraissent pas décisifs et susceptibles de faire pencher la balance dans le sens d'une limitation, pour le moins arbitraire, de la responsabilité du fait des choses. En dépit de l'assertion de certains tribunaux qui voient dans la distinction, le principe d'une heureuse démarcation entre les articles 1382 et 1384, qui « loin de contrarier se précisent (1), il faut reconnaître au contraire, que cette distinction a pour conséquence de réduire, à la plus stricte expression, les hypothèses où la responsabilité du fait des choses peut s'appliquer. Quelles sont, en effet, celles où n'intervient pas l'homme? Comme le fait remarquer M. Josserand, cette responsabilité « fonctionnera surtout dans le monde des choses inertes et inoffensives, elle fonctionnera à peu près dans le vide. » On arriverait ainsi, par voie indirecte, à condamner toute la jurisprudence élaborée depuis trente ans sur la responsabilité du fait des choses. Car de deux choses l'une, ou l'article 1384 s'applique, et comme le disent judicieusement ceux qui adoptent cette opinion, il ne

1. Narbonne, *D. H.*, p. 531.

saurait comporter aucune distinction, contraire à sa lettre ou à son esprit (1); ou bien, on persiste à introduire une distinction, mais alors, celle-ci doit jouer en toutes hypothèses; l'article 1384 n'a aucune signification par lui-même, il n'est à peu de chose près qu'une superfétation de l'article 1382. Cette conséquence est à l'opposé de la tendance doctrinale et jurisprudentielle récente, qui, ce faisant, obéit à des considérations d'équité. Aussi ne saurait-on comprendre l'objection qui prétend que faire entrer les automobiles conduites sous le régime de l'article 1384, aboutit à mettre les conducteurs dans une situation juridique exceptionnelle. Situation juridique exceptionnelle est bien celle qui leur est reconnue à l'heure actuelle par une partie de la jurisprudence et contre laquelle réclame, non sans raison, la majorité de la doctrine. Nous avons suffisamment montré quelles sont en effet les conséquences absurdes auxquelles conduit la distinction, puisque « le gardien de la chose qui a contribué à causer l'accident par son intervention personnelle se trouve pour résister à la demande de dommages intérêts dirigée contre lui dans une situation plus favorable, que celle faite au gardien, qui n'a en somme d'autre faute à se reprocher que d'avoir eu sous sa garde la chose cause de l'accident (2). » Mettre les accidents d'automobiles sous l'application de l'article 1384 revient non seulement à assimiler le conducteur à tout autre gardien, mais encore à

1. C. de Nancy, *J. assur.*, 1925, p. 168.
2. Trib. de Lectoure (cit.).

lui appliquer un régime identique à celui que la jurisprudence applique à tous autres conducteurs, (locomotive, locomobile, bateau) (1), et la loi elle-même pour les accidents d'aviation (2).

Cette application ne saurait constituer une atteinte au droit de propriété. De nos jours personne ne soutient que ce droit présente un caractère intangible et sacré. Il n'est pas de droit de propriété qui ne soit régi ou limité par des conditions posées par des lois ou règlements et cela conformément à l'article 544 du Code civil. Dès lors rien de plus naturel que cette réglementation du droit de propriété dans une matière, où son exercice s'avère comme particulièrement dangereux pour l'ordre social, les propriétés d'un caractère analogue étant également soumises à un régime restrictif. D'ailleurs la notion de propriété subit une évolution ; on tend de plus en plus à la considérer comme une fonction sociale. Pendant la guerre certaines mesures n'ont pu se justifier qu'en faisant appel à cette explication (3). Or qui dit fonction sociale dit pouvoir et droit pour la société de réglementer l'exercice de ce droit, au mieux des intérêts individuels sans doute, mais surtout des intérêts collectifs. Enfin il ne faut pas oublier, ce dont, peut-être dans certaines thèses, on a par trop tendance, qu'en face du droit de propriété du conducteur il y a aussi le droit de la victime,

1. Req., 17 juin 1922. D. P. 23.1.172 ; Aix, 7 janv. 1924. D. P. 1924.2.108 ; L. Josserand, *Les transports*, n° 1021.

2. L. du 31 mai 1924.

3. Duguit, *Traité de Dr. Constitutionnel*, t. III, p. 617 et suiv.

tout aussi respectable, sinon plus; droit de conserver l'intégrité de sa personne physique. Ce droit, mieux encore que celui de propriété, mérite une protection spéciale, efficace et quand les deux se trouvent en conflit, il n'est pas douteux que le second doit céder devant le premier. A notre époque où l'automobile, comme instrument utilitaire, a pris une importance prépondérante, on ne saurait prescrire à son encontre des mesures restrictives; mais son développement a créé une situation très spéciale dans les conditions de la circulation. Le piéton, notamment dans les grandes villes, est à la merci de la moindre circonstance, de coïncidences malheureuses, qualifiées de fatalité. Bien plus, à force d'être en perpétuel contact avec le danger, l'attention, parfois même la prudence nécessaire, s'émousse, comme on l'a si bien fait remarquer pour les accidents du travail. Au surplus chaque individu ne peut toujours avoir l'attention éveillée, il a le droit de songer à ses soucis, à ses affaires (1). Or la moindre inattention est souvent dangereuse. Ce sont là des lieux communs, qui de nos jours ne sauraient être développés plus longuement tellement ils sont évidents pour quiconque. Le piéton a droit à une protection spéciale. Que des mesures préventives soient édictées et cherchent à diminuer les risques d'accidents, fort bien, on ne saurait qu'applaudir (2), mais quand, en dépit de

1. Capitant, art. cit.

2. En ce qui concerne la réglementation des piétons, C. Crim., 6 nov. 1925, *J. assur.*, p. 515.

ces mesures, l'accident se produit, la victime doit pouvoir exercer facilement son droit à réparation. Or avec une partie de la jurisprudence l'exercice de ce droit se heurte à des difficultés sans nombre qui ont été mises bien des fois en lumière. Généralement situation sociale inférieure de la victime, souvent de condition modeste, en face de l'assurance ou d'un conducteur riche disposant de tous les moyens pour se faire habilement défendre, difficulté, sinon impossibilité pour elle de réunir les éléments nécessaires à la production d'une preuve, puisque c'est à ce moment précis qu'elle peut se trouver dans un état physique l'empêchant d'agir; le conducteur est le seul qui peut voir les circonstances de l'accident.

Toutes ces raisons militent en faveur de la victime. D'ailleurs, et cela sans adopter le moins du monde la théorie du risque, il est juste et équitable que celui qui a mis en circulation un objet susceptible de causer un dommage à autrui, dont il tire profit, soit en contre-partie de ce bénéfice astreint à la réparation du préjudice qu'il peut causer, réparation qui constitue la rançon des avantages qu'il retire de la chose. Ce n'est que l'application de l'adage bien connu : *ubi emolumentum, ibi onus*. L'automobile constitue de plus en plus, pour une majorité d'individus, un instrument qui leur permet d'accroître leurs affaires, leur productivité au point de vue économique. Cet engin n'est donc guère différent, vu sous cet angle, des machines que le même propriétaire dispose et fait fonctionner dans son atelier. Or pour ces dernières, en contre-prestation des avantages qu'il en tire, il a la charge des accidents que ces machines peuvent provoquer. Pourquoi n'en serait-il pas de même pour cette autre machine qui lui assure peut-être des bénéfices aussi considérables? Il y a là pensons-nous une certaine analogie qui ne peut que commander les mêmes conséquences (1). D'ailleurs notre législation et notre jurisprudence, d'une façon générale, ont une tendance marquée à assurer de plus en plus la réparation des dommages injustes causés à un membre de la société. La loi sur les accidents du travail, la jurisprudence sur la réparation des dommages subis dans les liens d'un contrat de transport, en sont des manifestations significatives. Déjà, lors de la rédaction du Code civil, le rapporteur Bertrand de Greuille déclarait : « La loi ne peut balancer entre celui qui se trompe et celui qui souffre (2) » et il ajoutait, parlant sur l'article 1384, « dans la thèse générale, rien de ce qui appartient à quelqu'un ne peut nuire impunément à un autre (3) ». Ce principe, qu'il n'hésitait pas à qualifier de grand principe d'ordre public, ne saurait être perdu de vue, ni par notre législation, ni par notre jurisprudence. Celle-ci ferait bien de s'en inspirer dans la matière qui nous occupe. La généralisation de l'article 1384 § 1er aux accidents d'au-

1. Cette analogie répond en outre à l'argument, souvent mis en avant contre la loi sur les accidents du travail et repris ici, que la prétendue aggravation des charges porterait un préjudice grave à l'industrie automobile.

2. Locré, *Législation commerciale et criminelle*, t. 13, p. 41.

3. *Id.*, p. 43.

tomobiles serait d'ailleurs le complément heureux d'une mesure législative qui montre la voie et prélude à un mouvement dans le sens indiqué : la loi du 26 novembre 1923 sur le tribunal compétent en matière d'accident. La dérogation symptomatique apportée à la règle : *actor sequitur forum rei*, a été principalement édictée dans l'intérêt des victimes d'accidents d'automobiles. Le législateur répondant au vœu de l'opinion publique a marqué son intention de remédier à une situation, qui chaque jour va s'aggravant. A une époque où l'activité législative se trouve tournée vers d'autres buts, les tribunaux forts de cette indication, s'appuyant sur une tradition jurisprudentielle déjà vieille de près d'un demi-siècle, se doivent d'instaurer un régime qui donne satisfaction à tous les intérêts en présence.

§ 4. — La responsabilité de l'automobiliste en matière de transport gratuit

Cette question a donné lieu à des solutions divergentes en jurisprudence même à l'époque où la grande majorité des cours et tribunaux appliquait en matière de responsabilité de l'automobiliste l'article 1382.

Un seul point paraît hors de contestation. Il ne se forme aucun contrat de transport entre le propriétaire d'une automobile et les personnes transportées par pure complaisance. En effet, le contrat de transport est un contrat synallagmatique et onéreux. La notion de prix fait partie intégrante de sa définition (1). Dès lors où toute rémunération est absente, on ne peut dire qu'on se trouve en face d'un tel acte. Les articles 1782 et suivants du Code civil sont donc sans application dans le domaine du transport gratuit en matière d'automobile (2).

Mais s'il n'existe pas de contrat de transport, du moins certaines juridictions ont vu là un contrat à titre gratuit, un contrat de bienfaisance (3). Ce point de vue est d'ailleurs partagé en doctrine. M. Josserand note que l'on peut voir dans l'opération intervenue gracieusement entre le propriétaire de la voiture et le voyageur pris à bord un contrat innommé de pure bienfaisance. M. Savatier estime également qu'il y a contrat et que les liens unissant les deux parties sont analogues à ceux qui dérivent du mandat (4).

Cependant l'opinion contraire a été soutenue, non sans quelques raisons, par la Cour de Poitiers (5) qui a jugé qu'il n'y a aucun contrat, même gratuit, l'automobiliste n'ayant aucune action pour obliger son voyageur à se laisser transporter conformé-

1. L. Josserand, *Les transports en service intérieur et en service international*, n° 709. *Le transport bénévole et la responsabilité des accidents d'automobile*.Chronique. *D. H.*, 1926,

2. Trib. civ. de Bonneville, *Rec. pér.*, 1920, p. 33; Trib. civ. de Boulogne-sur-Mer. *Gaz. Trib.*, 5-8 avril 1926.

3. Trib. de Bayonne, 6 mai 1913. *Rec. pér.*, 1920, p. 224; Trib. de Saint-Etienne, 28 juillet 1921. *Rec. pér.*, 1923; Trib. d'Avignon. *D. H.*,1924, p. 710. Trib. civ. de la Seine, *Rec. pér.*, 1925, p. 439.

4. Note au Dalloz. D. P. 1925.2.41.

5. D. P. 1925.2.47.

ment à leur accord, ni le voyageur pour obtenir que l'automobiliste le transporte gracieusement, comme il a été promis. Cet argument est loin d'être sans valeur et nous paraît interpréter la grande majorité des cas où il y a transport bénévole. Sans doute il existe des hypothèses où l'on se trouve en présence d'un contrat, contrat de bienfaisance, qui, comme le signalait M. Savatier, a de grandes analogies avec le mandat, ce sont toutes celles où le conducteur n'a effectué le transport que sur les instances et à la demande de la victime, à qui il rendait un service gratuit. Mais ces hypothèses sont spéciales et partant, restreintes. Généralement on ne va demander un service à un automobiliste que dans les cas urgents; le plus souvent la proposition vient de l'automobiliste. Dans cette dernière hypothèse on ne saurait vraiment parler de mandat ou de quelque chose d'approchant. Il n'y a aucun contrat. Sans doute il y a un accord de volonté mais nullement en vue de produire un effet juridique quelconque (1). Il n'y a aucun lien de droit qui prend naissance, la preuve en est que l'automobiliste peut, à tout instant, changer d'avis et déposer le transporté là où il voudra, de même que celui-ci pourra descendre où bon lui semble. Aucune action ne naît de part et d'autre, comme le faisait justement remarquer la Cour de Poitiers. Quoi qu'il en soit, les juridictions, qui ont vu dans le transport bénévole un contrat gratuit, décident conformément au principe d'après lequel la gratuité de

1. Colin et Capitant, *op. cit.*, p. 257.

l'obligation entraîne une atténuation dans l'appréciation de la faute que le conducteur de la voiture ne répond en cas d'accident que de sa faute lourde (1). Mais les décisions en ce sens sont plutôt rares.

La majorité des décisions estiment que la responsabilité n'est pas contractuelle mais uniquement délictuelle et régie par les articles 1382 à 1384 du Code civil (2). Le cas de la personne transportée gratuitement est donc assimilé à celui du piéton ou du passant victime de la voiture en mouvement.

La fameuse distinction du fait de la chose et du fait de l'homme se retrouve ici : Responsabilité en vertu de l'article 1384 s'il y a fait de la chose. Responsabilité au contraire en vertu de l'article 1382 s'il y a fait de l'homme. La situation entre le passant et l'occupant de l'automobile est identique et certains tribunaux même s'en tiennent là, sans autres considérants; d'autres marquant nettement que le fait de prendre place dans une automobile ne saurait en aucun cas constituer une acceptation du risque résultant du vice de la chose (3). D'où régime de droit commun.

Mais cette opinion est isolée; un plus grand nombre de tribunaux établissent une différence de traitement dans les deux cas. Toutefois sur ce point

1. Cour de Pau, 5 juin 1925. *D. H.*, p. 617.

2. C. de Nîmes. *Rec. pér.*, 1924, p. 280 ; C. de Lyon, *Rec. pér.*, 1923, p. 33; Trib. Château-Thierry. *Rec. pér.*, 1925, p. 431.

3. C. de Nîmes. *Rec. pér.*, 1924, p. 280; C. de Lyon, *Rec. pér.*, 1923, p. 83.

nous rencontrons plusieurs tendances. Dans une première thèse : Si le conducteur est responsable en vertu de l'article 1384 (fait de la chose), sa responsabilité est largement atténuée au point de disparaître parce que la victime en consentant à voyager dans une automobile n'ignorait pas les dangers que comporte ce mode de locomotion. Elle a donc accepté le risque inhérent à la chose inanimée (1). En conséquence, certaines juridictions acquittent le conducteur, si l'accident est dû à un fait de la chose sans qu'il y ait faute de celui-ci; d'autres atténuent sa responsabilité.

Deuxième thèse : La victime, en montant dans la voiture, a, de ce fait, accepté les risques provenant, tant des vices de la chose, que des fautes du pilote, dans les espèces où le danger couru était manifeste: promenade entreprise à une heure tardive, dans des conditions anormales ou dangereuses, notamment quand par les circonstances de fait il était certain que la voiture serait conduite à des vitesses excessives (2).

Troisième thèse : La victime a accepté les aléas habituels de la route ainsi que tous les risques résultant des fautes du pilote autres que ceux résultant de la faute lourde ou d'une imprudence grave (3). L'ap-

1. Trib. de Compiègne. *Rec. pér.*, 1920, p. 222 ; C. de Paris. *Rec. pér.*, 1925, p. 237.

2. C. de Montpellier. *Rec. pér.*, 1924, p. 411 ; C. de Paris. *Rec. pér.*, 1925, p. 241.

3. Trib. Aix. *Rec. pér.*, 1920, p. 226; Thiers, *D. H.*, 1925, p. 254.

préciation de la faute lourde donnant d'ailleurs lieu à de nombreuses divergences.

Enfin dans une dernière opinion, le pilote est tenu de toutes ses fautes. En matière délictuelle la distinction entre la faute lourde et la faute légère n'existe pas. Seulement le tribunal peut rechercher si la victime n'a pas commis elle aussi une imprudence (1). Il y a lieu dès lors à l'application des principes de la faute commune et par suite partage de la responsabilité (2).

Cet examen de la jurisprudence révèle que celle-ci dans la question qui nous occupe est très confuse et divergente, surtout si l'on tient compte qu'elle applique, tantôt uniquement l'article 1384 dans son interprétation nouvelle, tantôt la distinction du fait de l'homme. C'est d'ailleurs souvent pour éviter l'application de l'article 1384 en matière de transport gratuit que certains tribunaux continuent à maintenir la distinction que nous avons combattue (3). Car entre le passant heurté par une automobile et le passager victime d'un accident il y a une différence certaine, que met bien en lumière un attendu du Tribunal civil de Compiègne : « Attendu qu'en l'absence de tout autre lien juridique, la responsabilité présumée par l'article 1384 n'est et ne peut être qu'une responsabilité indirecte, qui par suite s'efface et dis-

1. C. de Montpellier. *D. H.*, 1924, p. 729 ; C. de Nimes. *D. H.*, 1926, 61.

2. Demogue, *op. cit.*, t. IV, n°s 795 et suiv. ; t. V., n° 1149.

3. Cf. Josserand, art. cit. ; Trib. de Thiers, cit.

paraît devant une responsabilité directe, telle que celle de monter volontairement, de son propre mouvement, par son seul agrément et sans aucun engagement, sur une chose que l'on sait pertinement pouvant présenter des dangers (1)... » Si l'on ajoute que très souvent l'offre de la part du conducteur est une marque de déférence ou d'amitié, parfois même la manifestation louable d'un sentiment altruiste, on comprend que le voyageur transporté soit moins intéressant que le passant qui est étranger aux causes premières de l'accident et qui au surplus n'a aucun « rapport mondain » avec le pilote (2). Dès lors il n'est pas douteux qu'un régime différent mérite d'être appliqué à l'une et à l'autre victime. La jurisprudence, faisant intervenir la notion de faute de part et d'autre, établissait cette discrimination.

La nouvelle interprétation, à savoir : l'application généralisée de l'article 1384 aux automobilistes ne va-t-elle pas consacrer en la matière une iniquité? Nous ne le pensons pas. Dorénavant en toute hypothèse le conducteur sera sans doute présumé en faute, mais cette présomption peut être détruite par la preuve qu'une faute est imputable à la victime. Y a-t-il faute d'accepter de monter dans une automobile? Cette question ne saurait comporter une réponse précise.

Nous venons de voir en effet que, bien que partant d'un point de départ différent, la jurisprudence, dans les cas où elle relevait une faute à l'actif du chauf-

1. Trib. civ. de Compiègne. *Rec. pér.*, 1920, p. 222.
2. Demogue, *Rev. trim.*, 1921, p. 242.

feur, variait sur le point de savoir si la victime avait accepté les risques ou non. L'usage de l'automobile comporte un certain nombre de risques d'accidents, qui sont variables selon les circonstances dans lesquelles s'effectue le transport. Il existe un minimum de risques qui ne sauraient être complètement éliminés et que comporte tout usage de l'automobile, mais ceux-ci sont susceptibles de s'accroître dans des proportions éminemment variables. La victime peut et doit se rendre compte de leur importance, surtout de ceux qui ne sont pas strictement inhérents à l'usage de ce mode de locomotion, de ceux qui proviennent pour une bonne part des conditions dans lesquelles sera effectué le transport. Si elle accepte de courir ces risques, elle s'expose sciemment et volontairement à un danger, elle commet donc une imprudence, partant une faute, faute qui sera d'autant plus grave que les risques acceptés étaient plus évidents. La question de savoir si une faute a été commise par la victime ne saurait donc être tranchée selon un principe fixe, c'est avant tout une question de fait. Selon les éléments de la cause il y aura faute, ou non.

Cette interprétation paraît susceptible de fournir des solutions équitables dans les divers cas qui peuvent se présenter.

Il est certain, par exemple, que ne peut constituer une faute, le fait pour la victime d'être montée non de son propre mouvement, mais parce que le conducteur venait la chercher dans un but intéressé, en vue notamment d'en obtenir un service, dont il doit retirer le bénéfice. Tel le cas d'un ouvrier, d'un employé, d'un domestique que l'on vient chercher en vue d'effectuer un travail (1). La victime n'a pas fait acte de volonté propre, elle obéit.

Mais dans les autres hypothèses, le transporté ayant son libre arbitre, doit être considéré comme ayant accepté les risques, quand, par les circonstances mêmes de la cause, ceux-ci étaient particulièrement évidents : transport de nuit, transport dans des lieux accidentés, transport qui sera réalisé à une vitesse excessive (2), ou sur une machine usagée dont l'état est connu de la victime. Dans ces hypothèses avoir fait fi des risques constitue une faute tellement caractérisée que la présomption de faute de l'article 1384 doit tomber (3). Il y a faute de la victime. Toutefois si celle-ci peut établir une faute du pilote, conformément au droit commun la peine sera arbitrée selon les principes de la théorie de la faute commune (4).

Restent les hypothèses, souvent nombreuses, où les risques étaient normaux eu égard au mode de locomotion. Il semble que la faute de la victime bien que moins caractérisée doit cependant subsister. La victime comme le faisait si bien remarquer le Tribunal de Compiègne, dont nous mentionnions ci-dessus un attendu, a une responsabilité, elle a accompli un geste

1. Trib. de Vienne. *D. H.*, 1925, p. 193.
2. C. de Paris, cit.
3. Ripert, note (D. P. 1925.1.5).
4. Demogue, *Traité...*, t. IV, n° 795 et suiv.

qui a peut-être été en définitive la cause de l'accident. Si elle n'eut pas accepté, l'automobiliste ne serait pas parti, ou aurait peut-être agi différemment. Beaucoup de promenades en automobile sont faites principalement en vue de procurer un plaisir et de l'agrément aux personnes transportées. Ce sont elles qui sont donc le plus souvent intéressées. De leur acceptation ou de leur refus dépendra la mise en route avec tous les aléas que celle-ci comporte. Elles sont en définitive responsables en maintes circonstances du départ, car leur acquiescement le provoque. Cette responsabilité doit donc rentrer en ligne de compte, et si elle ne saurait toujours suffire à faire tomber la présomption, du moins elle doit nécessairement amener une diminution de la responsabilité du pilote. Ici, la jurisprudence pourrait très justement, pensons-nous, s'inspirer de la solution récemment donnée par la Chambre des Requêtes, qui a décidé que la faute de la victime peut ne pas faire disparaître entièrement la faute légalement présumée établie par l'article 1384 § 1er à la charge du gardien de la chose, elle peut diminuer seulement sa responsabilité (1). De la sorte les tribunaux pourraient tenir compte des circonstances de la cause pour apporter à la responsabilité du conducteur toutes les atténuations nécessaires et équitables.

1. Req., 25 novembre 1925. *Gaz. Trib.*, 1925.1.77.

CHAPITRE IV

INFLUENCE SUR L'ACTION CIVILE EN DOMMAGES-INTÉRÊTS DE LA SENTENCE RENDUE AU CRIMINEL

Au cours du précédent chapitre nous avons été conduit incidemment, à montrer les difficultés que peut rencontrer la reconnaissance du droit à indemnité de la victime, quand elle doit être basée sur l'article 1382 du Code civil et que, par ailleurs, l'auteur de l'accident a été poursuivi pénalement en vertu des articles 319-320 du Code pénal. Nous abordons ici la délicate question de l'influence de la chose jugée au criminel sur une instance civile (1). Comme nous allons le voir cette question présente une importance parfois considérable dans la détermination des possibilités d'exercice d'une action civile en dommages-intérêts, principalement dans le domaine des accidents d'automobiles.

En effet, dans un grand nombre de cas, ceux qui sont les plus graves, le ministère public est appelé à intervenir en vertu des articles précités et la pour-

1. Sur cette question : Lacoste, *La chose jugée*, 2e éd., no 1107-1125.

suite criminelle n'est pas sans avoir de très graves conséquences sur l'action civile, qui peut être exercée, soit conjointement, soit séparément. Quelle sera l'influence de la décision rendue par une juridiction répressive sur l'action civile intentée en vue d'obtenir des dommages-intérêts ? Telle est la question que nous allons examiner et dont la solution nous permettra de préciser les dangers que peuvent présenter, pour les victimes d'accidents, certaines interprétations données en la matière.

Il ne paraît pas douteux que les décisions des juges des juridictions répressives soient aussi respectables et fondées que celles rendues par les juridictions civiles (1). Encore que ce principe ait été mis en doute, l'autorité de la chose jugée doit s'attacher aux jugements et arrêts intervenus en matière répressive. Or le Code d'instruction criminelle dispose dans son article 3 que toute action civile est suspendue, tant qu'il n'a pas été prononcé définitivement sur l'action publique, intentée avant ou pendant la poursuite de l'action civile.

Cette disposition a pour conséquence la priorité de l'action pénale sur l'action civile. Le jugement criminel qui interviendra aura nécessairement sur cette dernière non jugée une influence sur les points communs aux deux questions. En effet, au

1. Colin et Capitant, t. II, p. 240 et suiv. ; Griolet, note au D. P. 69.1.170. *Rép. génér. de Dr. Français* (chose jugée) Dalloz, *Nouveau C. Civ. ann.*, art. 1351, n° 2148.

criminel le ministère public représentant de la société, portant tous ses membres, intervient. Cette intervention aura pour principal effet que l'affaire sera jugée à l'égard de tous, solution d'autant plus logique que le ministère public dispose de moyens d'investigations plus étendus que les particuliers, d'où supériorité probable de la décision pénale, mieux éclairée, sur la décision civile. D'ailleurs, si l'on pouvait discuter à nouveau une sentence pénale devant une juridiction civile, on refuserait toute autorité à ces sentences, résultat contraire aux fins poursuivies par le Droit pénal. Ces considérations justifient donc l'autorité du jugement pénal en matière civile. Seulement un point délicat se présente : Quelle portée convient-il d'attribuer à la décision rendue? Qu'est-ce qui a été véritablement décidé? Ici nous nous trouvons en présence de questions subtiles et parfois fuyantes, comme le démontre l'étude de la jurisprudence, notamment au point de vue de l'action civile en dommages-intérêts, domaine auquel nous limiterons nos observations.

§ 1er. — Les variations de la jurisprudence

La doctrine et la jurisprudence très longtemps ont admis, — la question paraissait définitivement tranchée. — que l'acquittement pénal laissait cependant place à la possibilité, sous certaines conditions, d'une décision civile condamnant le prévenu relaxé à des dommages-intérêts. « Ce n'est que très exceptionnellement, déclarait M. Planiol, que l'acquittement fait obstacle à une condamnation civile. Il faut par exemple qu'il existe une indivisibilité entre le fait matériel sur lequel on pourrait baser une action au civil et l'intention coupable, que l'acquittement a écartée, ou bien que la décision rendue au criminel ait rejeté, soit l'existence même des faits matériels faisant l'objet de la poursuite, soit la participation de l'inculpé à ces mêmes faits (1). » La jurisprudence de son côté avait adopté une attitude sensiblement analogue, elle déclarait notamment qu'il n'est pas permis au juge civil de méconnaître ce qui a été nécessairement et certainement décidé par le juge criminel. Cass. req., 16 mai 1887 (S. 1888. 1.73); Cass. civ., 5 fév. 1913; Cass. req., 4 août 1914.

Des termes mêmes de cette déclaration résulte qu'en dehors de ce qui a été nécessairement et certainement jugé, le juge civil conserve sa liberté d'appréciation. Notamment en cas d'acquittement, comme nous le notions ci-dessus, si la juridiction répressive a déclaré que le fait incriminé n'existait pas ou bien que l'inculpé n'en est pas l'auteur, le juge civil doit tenir ses affirmations pour constantes et ne saurait le condamner à des dommages-intérêts. Mais si au contraire le prévenu a été relaxé pour défaut d'intention, insuffisance de preuve, ou parce que le fait incriminé n'est pas qualifié par la loi pénale, la juridiction civile peut, sans se mettre en contradiction avec le principe de la

1. D. P. 1907.1.201.
Cf. Garraud, *Précis de Dr. Criminel*; Aubry et Rau, *C. de Dr. Civil*, t. XII, p. 470.

chose jugée au criminel, constater l'existence d'une faute à la charge de l'inculpé, et le condamner à des dommages-intérêts envers la victime (1).

Tels sont les principes généraux de la matière, mais ceux-ci s'avèrent d'une application particulièrement délicate dans les hypothèses des coups et blessures involontaires et d'homicides par imprudence, faits prévus par les articles 319 et 320 du Code pénal.

Nous nous trouvons, en effet, ici en présence d'une part des articles 1382 et 1383 du Code civil qui établissent le principe de la responsabilité civile, basée sur la notion de faute; d'autre part, des articles 319 et 320 du Code pénal visant la responsabilité pénale. Or les termes des articles 319 sont si généraux et si compréhensifs qu'ils paraissent bien englober tous les faits dommageables. Sans doute la loi a déterminé expressément et limitativement (Garçon, *C. Pén. ann.* sous art. 319-320; Garraud, *Précis de Dr. crim.*) les fautes spéciales qui sont susceptibles d'engager la responsabilité de l'auteur de l'accident, à savoir : la maladresse, l'imprudence, l'inattention, la négligence et l'inobservation des règlements. Mais cette seule énumération suffit à montrer que les termes employés sont tellement larges que la moindre faute sera punissable en vertu de l'article 319. Il en est de même pour l'article 320, les mots coups et blessures comprennent toutes les atteintes portées à l'intégrité corporelle ou à la santé d'une personne,

1. R. Morel, notes au Sirey. S. 1914.1.249 ; 1921.1.18 ; Planiol, note au Dalloz. D. P. 1907.1.201.

par conséquent non seulement les blessures extérieures, mais aussi les lésions internes et les maladies. Dès lors se pose cette question délicate : étant donné la généralité des expressions contenues dans les deux articles précités, toute décision qui en fera l'application ou les rejettera devra-t-elle être interprétée comme impliquant chose jugée et comme telle rendant impossible une autre instance basée sur les articles 1382-1383 visant les mêmes faits devant la juridiction civile ?

En d'autres termes peut-on distinguer entre la faute civile et la faute pénale, en ce sens qu'il existerait en dehors de l'énumération des articles 319 et 320 des cas d'homicides ou de blessures involontaires qui, bien qu'échappant à la repression pénale seraient susceptibles d'être retenus au point de vue de la responsabilité civile? La question s'est posée devant les tribunaux sous deux formes différentes :

1° A la suite d'une décision d'acquittement du chef d'homicide, ou de blessure involontaire;

2° En cas de prescription de l'action publique.

La jurisprudence, approuvée par la doctrine, interprétait les articles 319 et 320 comme laissant en dehors d'eux une certaine responsabilité qui, non retenue par le juge pénal, pouvait l'être par le juge civil. Pour prendre la définition caractéristique des arrêts rendus en la matière : « l'action en réparation de dommages fondée sur les articles 1382 et 1383 du Code civil ne se confond pas avec l'action résultant du délit de blessures par imprudence il appartient au juge d'examiner d'après les circonstances de fait si cette imprudence constitue un délit punissable d'une peine correctionnelle, ou une simple faute ne donnant ouverture qu'à une action civile en dommages intérêts (1). » Cette définition qui au premier abord paraît très claire s'avère particulièrement variable et fuyante dans l'application; car l'acquittement n'entraîne pas nécessairement la possibilité pour le juge civil de retenir une faute quelconque à la charge du prévenu en vue d'une condamnation à des dommages intérêts. Cette possibilité dépendra des termes mêmes qui auront été employés par le juge correctionnel pour motiver son jugement. Si le juge correctionnel se borne à déclarer qu'aucun fait d'imprudence ou de négligence n'est établi à la charge du prévenu, sans cependant dénier le fait matériel qui sert de fondement à la prévention, s'il écarte seulement l'imputation du fait incriminé en tant qu'il eut été constitutif du délit prévu par les articles 319, 320 du Code pénal, il n'exclut nullement le quasi-délit des articles 1382, 1383 du Code civil. Le juge civil ne portera pas atteinte à la chose jugée, à la condition toutefois qu'il ait soin, soin particulièrement délicat et souvent difficile en pratique à réaliser, de fonder sa décision sur une cause distincte de celle qui a été déniée par le juge correctionnel (2). Cette con-

1. Cass., 16 mai 1887 (2 arrêts) ; 2 mars 1897 (S. 1901.1.519) ; Poitiers, 8 avril 1902 et 18 mars 1903. S. 1905.2.238.
2. *Ibidem.*

dition est essentielle et la Cour de Cassation se montre particulièrement pointilleuse dans son appréciation.

Là réside peut-être la raison du changement de jurisprudence que nous allons avoir à examiner, lequel est cependant contesté par certains auteurs. Si nous regardons la jurisprudence d'avant 1912, on peut noter dans de nombreuses espèces le rejet d'actions civiles intentée après l'action pénale, fondée sur l'article 319 du Code pénal (1). Les tribunaux reconnaissaient ainsi l'exception de chose jugée produite devant eux. Bien mieux, nous voyions également la Cour de cassation casser les arrêts qui avaient admis l'existence d'un quasi-délit civil, ou tout au contraire approuver des décisions qui en refusaient la reconnaissance (2). Cet état de choses montrait combien était délicate la question de savoir si on était en présence de la chose jugée ou non. Comme le faisait remarquer, non sans quelques raisons, le tribunal civil de Lyon dans un jugement du 13 décembre 1907 : « les termes généraux de l'article 319 du Code pénal comprenant toute maladresse, imprudence, inattention, négligence ou inobservation des règlements, il est difficile lorsqu'il s'agit d'un accident de concevoir une faute ne rentrant pas dans les termes de cet article et pouvant présenter le caractère d'un simple délit civil (3). »

Cette difficulté paraît être la cause de la diversité

1. D. P., 1911.5.2; D. P. 1907.1.230; S. 1907.1.126.
2. D. P. 1910.1.510.
3. Lyon, 13 déc. 1907. D. P. 1909.2.318.

et du flottement rencontrés dans la jurisprudence à cette époque.

C'est sans doute cette considération qui conduisit la Cour de cassation vers une solution radicale de la question, quand, dans un arrêt du 18 décembre 1912 elle déclara : attendu, que les articles 319 et 320 punissent de peines correctionnelles quiconque, par maladresse, imprudence, inattention, négligence ou inobservation des règlements a causé des blessures, sans que la légèreté de la faute commise puisse avoir d'autre effet que celui d'atténuer la peine encourue... (1).

Cette formule supprimait toute incertitude. Du moment où la faute la plus légère, celle qui paraissait autrefois susceptible de donner lieu à la reconnaissance d'un quasi-délit civil ne pouvait plus désormais être considérée que d'un point de vue purement pénal, par cela même la Cour supprimait toutes difficultés d'interprétation et conférait en toute occurrence à la décision fondée sur les deux articles précités, l'autorité absolue de la chose jugée.

Cette nouvelle attitude fut notamment approuvée par M. Morel dans une note au Sirey (2), où il montrait que seule cette manière de voir était logique, toute faute non intentionnelle étant comprise dans l'énumération moins limitative que redondante de l'article 319; les deux fautes que l'on voulait opposer ne se distinguent l'une de l'autre ni par leur nature, ni

1. D. P. 1915.1.18.
2. Morel, note citée.

par leur degré de gravité. D'après cette jurisprudence la responsabilité pénale et la responsabilité civile se superposaient donc exactement, solution qu'admettait déjà la jurisprudence belge. Il en résultait deux conséquences : les divergences d'interprétation sur le point de savoir s'il y avait chose jugée ou non disparaissaient par là même, c'était sans doute un avantage ; mais par ailleurs, en cas d'acquittement, l'action civile était en principe irrecevable puisqu'il avait été jugé au criminel qu'aucune faute ne pouvait être imputée à la charge du prévenu (1). Au point de vue de la prescription, l'action civile se trouvait liée à l'action criminelle et se prescrivait dans le même délai, délai beaucoup plus court, puisque, pour la première, c'est la prescription ordinaire ou de trente ans, tandis que, pour la seconde, en vertu de l'article 638 du Code d'Instruction criminelle elle est réduite à trois ans.

Par ces deux dernières conséquences la nouvelle jurisprudence aggravait, semble-t-il, manifestement la situation faite aux victimes d'accidents. Nous disons, semble-t-il, car en réalité, comme nous le notions plus haut, beaucoup de juridictions admettaient l'exception de chose jugée, ce qui au point de vue pratique conduisait au même résultat que celui consacré par la nouvelle attitude de la Cour (2). Mais ici

1. Dans ce sens : C. de Paris, 17 nov. 1910. *Gaz. Trib.*, 8 déc. 1910 ; C. de Paris, 26 nov. 1910. *Rec. pér.*, 1911, p. 240 ; Paris, 15 juin 1912. *Gaz. Trib.*, 24 juillet 1912 ; C. de Paris, 8 nov. 1910. *Rec. pér.*, 1911, p. 243.

2. Prudhomme, art. cité. *Revue critique*, 1925, p. 211.

les solutions sont désormais certaines. Dans la majorité des hypothèses, toute action civile introduite après une instance pénale, où l'inculpé avait été absout du chef des articles 319, 320, ne pouvait plus trouver aucun autre fondement qui ne puisse être écarté par l'exception de chose jugée. Cependant dans sa note M. Morel, qui approuvait la Cour de Cassation, mais qui sentait bien les inconvénients de ces résultats, croyait devoir ajouter que l'acquittement ne rendait pas irrecevable une action en dommages-intérêts, si celle-ci était fondée sur une faute, qui n'aurait pas été l'objet d'un examen de la part du tribunal correctionnel.

La Cour de cassation, elle-même d'ailleurs, continuait à mentionner dans ses décisions un attendu ainsi conçu : attendu que l'arrêt ne relève en dehors de l'imprudence même aucune autre circonstance de laquelle puisse découler la responsabilité... Mais dans les espèces spéciales où nous nous plaçons, à savoir sur le terrain des articles 319, 320 du Code pénal, on n'aperçoit guère l'existence d'un fait, qui ne soit pas déjà compris implicitement dans les fautes énumérées à l'article 319. C'est ce que constatait le Tribunal de Soissons, lequel, notant dans un jugement du 13 mai 1914 la nouvelle interprétation, remarquait que désormais le champ de la faute civile était exactement le même que celui de la faute pénale et ne pouvait être plus étendu (1). Pour qu'on

1. Trib. civil de Soissons, *Rec. pér.*, 1914, p. 371.

puisse se trouver dans un cas où l'exception de chose jugée fût susceptible d'être rejetée, il faudrait concevoir une espèce analogue à celle qui s'est présentée devant la Chambre des Requêtes, où un mécanicien bien qu'acquitté du chef d'imprudence et de violation de règlement pour avoir télescopé un cycliste à un passage à niveau, la victime put toutefois obtenir une indemnité parce qu'il fut possible de relever une faute à la charge de la Compagnie, qui n'avait pris aucune mesure de signalisation. Ici, importe-t-il encore de faire plusieurs réserves : le mécanicien était poursuivi en vertu non des articles 319, 320, mais d'un règlement sur les chemins de fer d'intérêt local (1), ce qui déjà nous éloigne du point de vue où il convient de se placer; par ailleurs le juge pénal n'avait pas relaxé purement et simplement, mais spécifié l'absence de certaines fautes. Enfin la faute retenue était une faute de la Compagnie et non une faute de l'agent. Cet exemple montre combien peut paraître purement scolastique la réserve faite par le distingué annotateur, après la Cour suprême.

Cette nouvelle tendance de la Cour suprême a été reconnue par la plupart des annotateurs (2), cependant elle a été mise en doute, notamment par

1. D. P. 1916.1.118.
2. M. Morel. S. 1914.1.249 1921.1.18. Egalement Ripert, note citée. D. P. 1925.1.5 ; Esmein, note citée. S. 1924.1.291 ; Demogue, *Revue trim.*; *Revue de jurispr.* ; Savatier. note citée. D. P. 1925.2.411.

M. Henri Prudhomme. Celui-ci estime, que les arrêts cités comme marquant un revirement, n'ont pas la portée qu'on veut bien leur prêter. La Cour de cassation a maintenu sa tradition antérieure, elle n'a fait même que l'appliquer exactement en réformant des arrêts qui avaient eu tout simplement le tort de se mettre en contradiction avec le jugement d'acquittement. Certes le but est difficile à réaliser, concède M. Prud'homme, « tâche parfois délicate où certains présidents n'auront pas toujours le doigté et la souplesse nécessaires », mais qui, à son avis, n'est pas impossible et pour laquelle il donne ce conseil de Voltaire : « Glissez... n'appuyez pas ». Cette observation est juste, mais dans la mesure où il est cependant possible de faire état d'une autre cause de responsabilité que celle visée ou retenue par le juge pénal. Or en matière de responsabilité civile basée sur les articles 1382, 1383 une faute est nécessaire; si la moindre faute est comprise dans l'énumération de l'article 319 que pourra faire le juge? L'argumentation et le conseil de M. Prud'homme seront vrais pour d'autres dommages, même pour le cas où il y aura eu blessures involontaires, mais à la condition que la poursuite pénale soit fondée sur la violation d'autres textes. Un exemple significatif est celui que l'on peut tirer de deux cas d'espèces au premier abord identiques, sur lesquels la Chambre civile a rendu deux décisions contraires — 4 mars 1919 — 22 octobre 1919 (1). Il s'agissait de savoir si la ju-

1. D. P. 1920.1.25.

ridiction civile avait pu retenir une cause de responsabilité à la charge d'un capitaine acquitté par le tribunal maritime. La Chambre décide l'affirmative dans la première espèce, la négative dans l'autre. Mais dans l'une, le tribunal maritime s'était borné à déclarer que le capitaine n'était pas coupable de défaut de vigilance, cette déclaration n'impliquait dès lors nullement que le prévenu n'eut commis d'autres fautes; dans la deuxième espèce au contraire le tribunal maritime avait déclaré non coupable, cette déclaration par sa généralité s'appliquait à tous les chefs de culpabilité contenus dans l'article 24 de la loi du 10 mars 1891 et dans les articles 27, 29 du règlement du 21 février 1897, d'où grande difficulté pour le tribunal civil de trouver un motif, qui n'eut implicitement été examiné par la juridiction pénale, difficulté qui, comme l'atteste la décision de la Cour, n'a pas été surmontée.

Cet exemple montre clairement qu'il existe des décisions pénales où le juge civil se trouvera dans l'impossibilité de motiver sa sentence, sans se heurter à l'exception de chose jugée, en dépit du conseil de M. Prud'homme. Le cas ne pouvait faire aucun doute quand les articles 319, 320 étaient en cause. La Cour suprême en 1912 ayant affirmé, affirmation reprise dans d'autres arrêts « que la légèreté de la faute commise ne pouvait avoir d'autre effet que celui d'atténuer la peine encourue ».

§ 2. — La jurisprudence actuelle

Cette situation dont nous avons montré les inconvénients a dû paraître regrettable à la Cour Suprême, au moment où se multipliaient les accidents d'automobiles, dont la gravité sans cesse accrue par la rapidité des voitures, leur force, leur nombre et l'exiguité de voies de communication, exigeait fréquemment l'intervention du ministère public en vue d'une répression pénale (1). Or il est certain que le juge pénal ne se place pas au même point de vue que le juge civil. Le Droit pénal, comme son nom l'indique, a pour but principal d'édicter des peines, peines corporelles ou pécuniaires, pour une fin d'intérêt social. Cette considération domine tous les principes de ce droit, qui réprime autant pour punir les perturbations que l'auteur du fait a pû causer au corps social, que pour prévenir le retour de faits analogues grâce à l'exemple qui résulte des peines infligées. C'est donc particulièrement en tenant compte de ce point de vue que le juge pénal dicte sa décision. Quel exemple convient-il de donner pour éviter le retour du fait incriminé : en considérant, d'une part, celui à qui il importe de donner une leçon, d'autre part, l'intérêt social qui exige que de semblables faits ne

1. Cette jurisprudence ne semble pas d'ailleurs avoir rallié l'unanimité des cours et tribunaux ; C. de Paris, 19 mars 1923. *Rec. pér.*, 1923, p. 110 ; id., *Gaz. Pal.*, 10 oct. 1923.

se reproduisent pas ? Mais aussi quelle sanction convient-il de prendre, qui ne soit susceptible de causer plus de mal que de bien au regard de l'avenir du délinquant ? Ce sont là des questions que se pose tout juge pénal et non le juge civil qui n'a qu'à apprécier un dommage individuel au point de vue pécuniaire. On comprend dès lors aisément que la sentence pénale puisse différer de la sentence civile. Notamment en matière d'homicide par imprudence et de coups et blessures involontaires, le juge pénal pourra fréquemment estimer que, dans des circonstances de la cause, l'imprudence ou la faute ne sera pas assez caractérisée pour entraîner les peines des articles 319-320, ou bien si cette faute présentait tous les éléments nécessaires, que l'application d'une peine pour des raisons d'espèces éminemment contingentes et variables ne paraît pas désirable, qu'elle n'aurait pas la valeur d'exemple, ou serait susceptible d'entraîner pour le délinquant des conséquences rigoureuses, hors de proportions avec le fait initial. Ces considérations montrent que si du seul point de vue logique et de l'analyse des textes on peut argumenter qu'il n'existe aucune différence en nature entre la faute prévue par les articles 1382 et 1383 du Code civil et 319-320 du Code pénal, il semble cependant qu'en degré il y ait une différence appréciable.

Aussi ne saurait-on trop approuver la nouvelle tendance de la Cour qui par deux arrêts récents est revenue à sa formule d'avant 1912. L'un est particulièrement intéressant, dans la question qui nous occupe, puisqu'il s'agissait d'un accident d'automobile. C'est l'arrêt rendu à propos de l'affaire Bessières, dont nous nous sommes occupés dans les deux chapitres précédents. Le pourvoi en cassation indépendamment de la violation de l'article 1384 § 1er visait, comme deuxième moyen, la violation de l'article 1381 du Code civil. Sur celui-ci la Cour rendit l'arrêt suivant :

Sur le second moyen... au fond. Vu l'article 1381 du Code civil. Attendu que le principe d'après lequel les décisions de la justice criminelle ont au civil l'autorité de la chose jugée, doit être entendu en ce sens que le juge ne peut méconnaître ce qui a été jugé par le juge criminel; attendu, que l'arrêt attaqué déclare, qu'il n'y a pas lieu de rechercher si l'accident est dû à la faute du chauffeur Saverne, par ce motif que celui-ci poursuivi devant le conseil de guerre sous l'inculpation de blessures par imprudence a été acquitté par un jugement passé en force de chose jugée; mais attendu que le jugement du conseil de guerre n'a statué qu'en ce qui concerne la culpabilité; que dès lors, il appartenait à la Cour d'Appel de rechercher si les faits ne constituaient pas un quasi-délit entraînant la responsabilité de l'auteur; que dès lors l'arrêt attaqué a violé l'article ci-dessus visé.

Antérieurement la Chambre civile, par un arrêt du 2 mai 1924 (1), avait déjà annoncé ce changement d'orientation dans une espèce relative à un

1. D. P. 1925.1.19 et la note de M. Ripert.

abordage. Ce dernier arrêt, comparé à celui que nous avons mentionné ci-dessus, du 22 octobre 1919, marquait bien un revirement (1). Dans l'espèce Bessières celui-ci ne paraît pas douteux, encore qu'il s'agissait d'une décision rendue par une juridiction d'exception, un conseil de guerre, qui n'a pas à motiver sa sentence.

Sans doute cette situation pourrait laisser croire que la décision de la Cour est moins une décision de principe que d'espèce (2). Sous le régime de l'interprétation précédemment admise en effet, on rencontrait de nombreuses juridictions civiles, qui continuaient à admettre la recevabilité d'une action civile après une décision d'acquittement en conseil de guerre, soit « que n'étant pas motivée elle n'impliquait pas la non existence du fait matériel reproché (3) »; « soit qu'elle ne pouvait écarter que le caractère délictueux du fait incriminé (4). » Par contre d'autres juridictions appliquaient le point de vue de la Cour de la façon la plus étroite et reconnaissaient à ces jugements l'autorité de la chose jugée en matière de coups et blessures ou d'homicide involontaire; et celles-ci étaient dans le vrai, puisque là, comme devant un tribunal correctionnel, le fait de la non culpabilité devait avoir pour conséquence que cette non culpabilité visait tous les termes des ar-

1. V. p. 122.
2. Ch. civile, 14 janv. 1925. *J. des Assur.*, 1925, p. 232.
3. C. de Paris, 19 mars 1923. *Rec. pér.*, p. 393.
4. Trib. civ. de Saumur, *G. Pal.*, 10 déc. 1922.

ticles 319-320 du Code pénal (1). Si donc la cour a admis la recevabilité de l'action civile après un acquittement rendu en vertu d'une décision non motivée, c'est qu'elle reconnaît *a fortiori* cette recevabilité dans des espèces où les juges, motivant leurs sentences, auront déclaré l'absence de telles ou telles catégories de fautes (2).

D'ailleurs en l'espèce, il importe de souligner que la cassation n'était pas indispensable du chef du deuxième moyen, puisque déjà le premier s'avérait suffisant. Bien plus, l'article 1384 § 1er étant dorénavant appelé à intervenir, comme l'absence de faute ne saurait faire tomber la présomption dudit article, l'acquittement pénal rendu au seul point de vue de la faute ne pouvait lui faire échec, par application du principe : « ce qui ne peut être obtenu directement ne peut l'être indirectement ». Dès lors la cassation du chef de la chose jugée était inutile.

Mais même en se plaçant à ce dernier point de vue, la Cour aurait pu simplement écarter l'exception en se bornant à faire état : de ce que la demande n'était pas entre les mêmes parties, ni fondée sur la même cause. Elle a préféré donner à sa décision une portée générale. Se plaçant sur le terrain de la faute et du conflit qu'elle connaît entre les articles 1382 du Code civil et 319-320 du Code pénal, elle déclare que le devoir du juge civil est de

1. Lyon, 3 juin 1920. D. P. 1921.2.5.
2. Blaisot, *op. cit.*

rechercher en toutes circonstances, s'il n'y a pas une faute qui n'ait pas été relevée par le juge pénal; et elle revient, ce qui donne à l'arrêt toute sa signification, à la formule d'avant 1912 : « il appartenait à la Cour d'appel de rechercher si les faits ne constituaient pas un quasi-délit entraînant la responsabilité de l'auteur (1). »

Ce retour à la jurisprudence antérieure est des plus heureux. La non identité entre la faute des articles 1382, 1383 du Code civil et 319-320 du Code pénal permettra aux juridictions pénales et aux juridictions civiles d'appliquer aux faits une sanction équitable, les points de vue des deux juridictions étant différents. Mais pour que cette nouvelle jurisprudence n'ait pas une simple portée théorique, pour éviter les difficultés, qui se sont précédemment fait jour et que nous avons signalées, peut-être conviendrait-il qu'à l'avenir les juridictions pénales, principalement les tribunaux correctionnels, qui motivent leurs décisions, tiennent compte de l'élément moral afin de laisser le champ libre à la juridiction civile qui recherchera à son tour dans les faits de la cause les éléments d'un quasi-délit. A ce point de vue il convient de signaler un arrêt de la Cour de Bordeaux, déjà ancien, du 14 décembre 1911, mais d'autant plus significatif qu'il fut rendu à une époque où la thèse actuelle était reconnue par la Cour Suprême. La Cour de Bordeaux avait admis la receva-

1. Dans le même sens : civ., 8 février 1926. *Gaz Trib.*, 6 mai 1926.

bilité d'une action civile basée sur l'article 1382 en remarquant que lorsque le jugement d'acquittement mentionne expressément qu'il apprécie les faits uniquement au point de vue pénal, il faut en conclure qu'il n'exclut pas la possibilité de toute faute au point de vue purement civil et que la juridiction civile est en droit de procéder à un nouvel examen des faits (1). Cette observation est très intéressante et il serait désirable que les juridictions pénales observent l'attitude signalée par la Cour de Bordeaux. C'est là une condition presque nécessaire vu le peu de champ que peut laisser une décision d'acquittement du chef des articles 319-320 du Code pénal, articles qui s'appliquent automatiquement dans les questions d'accidents causés par des automobiles. En dépit en effet de la nouvelle orientation de la Cour, dans ces hypothèses il sera toujours bien difficile aux tribunaux de relever une faute qui puisse être considérée comme ne rentrant pas dans l'énumération des dits articles.

Aussi pour atteindre vraiment le but visé, si on ne veut pas que la nouvelle interprétation demeure une vaine subtilité juridique, il importe que nos juridictions pénales, quand elles sont appelées à juger en vertu de textes particulièrement compréhensibles, réservent le rôle de la juridiction civile en formulant dans leurs considérants le point de vue plus spécial et partant plus étroit auquel elles se placent. Ce faisant elles donneront sa véritable portée à la nou-

1. *Rec. per.*, 1912, p. 469.

velle tendance, qui, en apportant une amélioration sensible aux conditions d'exercice de l'action en réparation du préjudice subi, permettra d'en assurer une reconnaissance moins précaire. Cette jurisprudence complètera ainsi celle qui tente de s'établir dans le domaine de la responsabilité.

CHAPITRE V

L'ASSURANCE EN MATIÈRE D'ACCIDENTS D'AUTOMOBILES. — PROJETS DE RÉFORMES. — ACTION DIRECTE DE LA VICTIME CONTRE L'ASSUREUR.

Il ne suffit pas que la victime puisse facilement obtenir la reconnaissance de son droit à une indemnité en réparation du préjudice subi, il est également nécessaire que cette indemnité, une fois évaluée dans son quantum, puisse lui être effectivement versée. Ainsi, comme nous l'avons montré dès le début de ce travail, à côté des problèmes qui découlent de la responsabilité civile trouvent place ceux qui se rapportent au paiement des sommes, qui seront allouées comme conséquence de la dite responsabilité. Au cours du premier chapitre nous avons vu que le projet de la Société d'Etudes législatives prévoyait un certain nombre de dispositions tendant à la création d'un fonds de garantie en faveur des victimes des accidents. Dans ses grandes lignes le système envisagé était le suivant : Aux termes des articles 3, 4, 5, quand l'indemnité reconnue à la victime ne pouvait être payée par l'auteur de l'accident, elle l'était par la Caisse nationale des retraites pour la vieillesse, qui utilisait, à cet effet, un fonds de garantie créé auprès de cette caisse, laquelle en assurait le fonctionnement. Ce fonds de garantie était constitué au moyen de taxes et de redevances perçues sur les automobiles. La Caisse nationale avait d'ailleurs un recours contre le propriétaire responsable ou contre l'assureur et sa créance à leur encontre était privilégiée. On avait même émis l'idée de généraliser ce fonds de garantie. La caisse aurait payé dans tous les cas, quitte à se retourner ensuite contre l'auteur de l'accident ou ses répondants, recours qui se serait réalisé, soit par voie d'action principale, soit par voie d'action directe (1). Le projet de la Société d'Etudes législatives est resté sans lendemain, en sorte qu'actuellement encore tout est laissé à l'initiative personnelle des propriétaires d'automobiles, qui, pour la plupart, en vue de se protéger contre les aléas des accidents possibles contractent des assurances pour ce risque. L'assurance responsabilité a pris de nos jours une importance considérable, au point qu'il n'est pas de risques qui ne puissent être visés dans le contrat (2). Peut-être même conviendrait-il en certaines hypothèses et notamment en matière d'accidents d'automobiles de réagir contre une tendance qui, bonne en soi, peut dans ses conséquences pratiques aboutir à créer un autre danger tout aussi grave, que ceux que l'on a

1. Sur les objections qui furent présentées contre ce projet, Dupont, th. Caen, 1910.
2. V. Cadere, *Théorie et pratique de l'Assurance responsabilité*.

cherché à supprimer. S'il est indéniable qu'il va de l'intérêt de la victime de trouver au lieu et place de l'auteur de l'accident, qui peut être souvent insolvable, un répondant capable de l'indemniser, il importe aussi que cette facilité, que l'on peut avoir à se décharger de la responsabilité de ses actes, ne dégénère pas en une prime à l'indifférence et à l'imprudence. Trop souvent, notamment en matière d'automobile, des chauffards ne reculent pas devant les pires extravagances sous le misérable prétexte que c'est « l'assurance qui paiera ». Cette mentalité, exceptionnelle sans doute, ne mérite pas d'être encouragée par une trop grande liberté en matière d'assurance. Comme le fait remarquer justement M. Capitant, une réglementation de l'assurance responsabilité s'impose qui permette de remédier à de semblables abus (1). L'assurance en certains cas ne devrait couvrir qu'une part des dommages occasionnés et ne pas couvrir la faute lourde et inexcusable de l'auteur. Evidemment les mesures dans ce sens ne devront pas se retourner contre la victime. Mais il est possible de concilier les deux buts à atteindre, en admettant par exemple un recours de la Compagnie d'Assurance contre l'auteur de l'accident dû à une faute lourde de ce dernier. Cette éventualité donnerait à réfléchir à ceux qui sont trop enclins à se mal conduire aussitôt qu'ils ne se sentent plus pécuniairement responsable. Un mouvement dans ce

1. Capitant, art. cit. *D. H.*, 1923, p. 77.

sens semble d'ailleurs se manifester. Nous trouvons en effet une application partielle de ces idées dans certains projets ou propositions de loi, qui ont été déposés ces dernières années en matière d'assurances contre les accidents d'automobiles. La multiplication des accidents a donné lieu en effet à plusieurs initiatives parlementaires et à un projet de loi déposé par les ministres du Travail et des Finances le 3 avril 1925.

§ 1er. — PROJETS DE RÉFORMES

La première proposition que nous rencontrons date de 1922, proposition de M. Lafarge et de plusieurs de ses collègues (1). Cette proposition tendait à instituer en France le principe de l'assurance obligatoire en manière d'accidents d''automobiles. La déclaration de mise en circulation, prévue par l'article 8 du décret du 13 mars 1899, devait être dorénavant accompagnée, soit d'une déclaration constatant, que le propriétaire est assuré contre les accidents auprès d'une Compagnie fonctionnant sous le contrôle de l'Etat; soit d'un récépissé de la Caisse des Dépôts et Consignations constatant le versement d'un dépôt affecté par privilège au paiement des sommes dues aux victimes : soit enfin pour les sociétés anonymes,

1. *J Off.*, année 1922, Doc. parl., Ch., Annexe nº 4075, p. 398. Sur cette proposition : V. Tardieu, *Bulletin de la Chambre de commerce de Paris*, 1922, p. 934.

d'une pièce établissant qu'il a été constitué une réserve de garantie affectée au même objet à titre privilégié. Le montant des sommes à réserver devait être fixé par un règlement d'administration publique.

Cette proposition fut suivie d'une autre de M. Humbert Richard visant le même but (1). Elle instituait, pour les propriétaires d'auto personnelle et pour les entrepreneurs de transports par automobile, l'obligation de l'assurance jusqu'à concurrence d'une somme de 100.000 francs minimum. Elle reconnaissait à la victime une action directe contre la société d'assurance, qui pouvait être exercée conjointement avec celle contre le propriétaire. Enfin elle édictait un système de garantie et de pénalités. — Amendes, retrait du permis de conduire — contre la violation ou l'inobservation de la loi.

En 1923. au Sénat, M. Honorat déposait une proposition partant d'un point de vue quelque peu diffèrent (2). Aux termes de celle-ci, les compagnies d'assurances, au lieu de payer aux victimes d'accidents l'intégralité des dommages intérêts mis à leur charge, ne leur auraient payé que les 19/20 de ces dommages. Le recouvrement du dernier vingtième étant poursuivi par la victime contre l'auteur de l'accident, lequel n'aurait pu se couvrir en aucun cas contre ce recours par une assurance. Les Compa-

1. *J. Off.*, Doc. parl., Ch., 1923, Annexe nº 5198, p. 418.

2. *J. Off.*, Doc. parl., Sén., 1923, Annexe 210. Sur cette proposition, v. rapport Morand, Doc. parl., Sén., 1925, annexe 27, p. 107.

gnies par contre étaient obligées de verser le vingtième restant, et non versé à la victime, à un fonds de garantie géré par la Caisse des Dépôts, qui aurait payé les victimes se trouvant en présence d'auteurs inconnus ou insolvables.

Cette proposition fit l'objet d'un rapport de M. Morand qui entre autre grief, le mieux fondé d'ailleurs, reprochait le manque d'équilibre du fonds de garantie, ce qui aurait pour conséquence inéluctable de créer de nouvelles charges à l'Etat. Or le Sénat n'a pas le droit d'initiative en matière financière. Après intervention du ministre du Travail, la Commission de législation civile et criminelle du Sénat émit cependant un vote favorable au principe de la responsabilité personnelle du propriétaire. Comme suite à ce vote, M. Justin Godard, ministre du Travail et M. de Monzie, ministre des Finances, déposèrent, le 3 avril 1925 sur le bureau de la Chambre, un projet de loi sur les assurances en matière d'accidents d'automobiles. Ce projet s'inspire de deux idées :

D'une part : il impose au propriétaire de l'automobile l'obligation de rester son propre assureur pour une partie du dommage qu'il sera tenu de réparer. Cette fraction qui reste à sa charge et qui ne pourra être couverte par une assurance est fixée à un dizième du dommage : Article 1.

D'autre part il institue un fonds de garantie, géré par la Caisse des dépôts, destiné à éviter que la victime ne subisse un préjudice du fait de l'insolvabilité, ou du mauvais vouloir de l'auteur du dommage : Article 2.

La Caisse des dépôts pourra exercer un recours contre le propriétaire et en cas d'assurance de celui-ci, elle jouira, pour le remboursement de ses avances, du privilège de l'article 2102 du Code civil sur l'indemnité due par l'assureur : Article 3.

L'article 4 du projet fixe les ressources qui alimenteront le fonds de garantie :

1° Une contribution des propriétaires d'automobiles, assurés contre les accidents, sur toutes les primes acquittées à ce titre;

2° Une contribution des propriétaires non assurés, perçue sur le montant des indemnités mises à leur charge. A défaut de décision judiciaire, cette contribution sera liquidée au vu d'une déclaration du propriétaire dans le mois à compter de l'accord des parties.

Ces taxes sont d'ailleurs variables. La quotité en sera fixée chaque année d'après la situation financière du fonds de garantie. Le coefficient de modification étant égal au rapport existant entre le montant des dépenses de l'année précédente et le produit total des taxes encaissées pendant la même année. Pour les deux premières années d'application, le montant des contributions serait de 1 0/0 sur les primes d'assurances, 2 0/0 sur le montant des indemnités (1).

1. *J. Off.*, Doc. parl., 1925, Ch., Annexe n° 1519, p. 577.

Ce projet gouvernemental s'est inspiré beaucoup du projet de la Société d'Etudes Législatives, comme l'avait fait M. Honorat pour sa proposition. Aussi certaines critiques qui ont été formulées à l'encontre de ce dernier projet pourraient être reprises ici.

Tel quel cependant, ce projet paraît intéressant car il tend à répondre aux critiques que nous exposions ci-dessus concernant l'assurance responsabilité. Le fait que l'assuré restera son propre assureur pour une partie du dommage constitue une garantie contre les chauffeurs téméraires et imprudents. La victime en aucun cas ne sera lésée puisque le fonds de garantie interviendra si l'auteur de l'accident est défaillant. Mais la critique, à notre avis, la plus importante que l'on puisse adresser à la réforme projetée concerne la façon dont sera alimenté le fonds de garantie. Le projet donne une prime aux chauffeurs non assurés, à qui il réserve une situation en quelque sorte privilégiée. En effet la contribution portant sur les primes d'assurances sera annuelle, par ailleurs elle sera d'autant plus importante que la prime sera plus forte, la contribution frappera donc les chauffeurs prévoyants, sérieux, ceux qui présenteront généralement des garanties pécuniaires personnelles. Ces personnes s'assurent en vue d'être certaines que leur fortune particulière sera à l'abri des coups du sort.

Les chauffeurs au contraire qui ne s'assurent pas sont des gens offrant peu de surface; individus obligés d'avoir une automobile pour leurs affaires, mais qui se trouvent à l'étroit dans leur budget et cherchent naturellement à éviter les frais supplémentaires d'une assurance; ouvriers de la branche automobile qui ont rafistolé une vieille machine d'autant plus dangereuse que ses rouages sont usés et qui non seulement ne contracteront pas une assurance, qu'ils n'ont pas les moyens de payer, mais savent qu'après tout, même en cas d'accident, ils n'auront rien à craindre pécuniairement, n'ayant aucun bien personnel. Auprès de cette catégorie d'automobilistes, il y a de grandes chances que le fonds de garantie ne trouve rien après une condamnation. Bien plus, le mode de prélèvement visé incitera les chauffeurs non assurés à fuir en cas d'accidents, car ils sauront qu'indépendamment de la condamnation, ils auront une redevance à payer. La fuite les mettra à l'abri de tous recours et au lieu et place « l'assurance paiera »; ils diront « le fonds de garantie paiera ».

Ainsi, danger de voir le fonds de garantie uniquement alimenté par une seule catégorie d'usagers, ce qui aura pour conséquence d'en aggraver singulièrement la charge; prime à la mauvaise foi et à la lâcheté, telles sont les critiques que nous paraissent soulever le projet gouvernemental. Sans doute en la matière, comme en beaucoup d'autres, une solution donnant satisfaction à toutes les fins poursuivies est une pure chimère. Il nous semble toutefois que le principe de l'assurance obligatoire sous la forme prévue dans la proposition Lafarge, c'est-à-dire la production, lors de la déclaration de mise en circulation d'une voiture, d'un titre prouvant que des mesures de réparations de dommages éventuels ont été prises, apporterait quelque amélioration au régime envisagé. Tous les automobilistes astreints à la même obligation seraient mis sur un pied d'égalité au point de vue du paiement de la taxe, laquelle serait d'autant moins forte que le nombre des assujettis serait plus grand. Enfin, chaque pilote étant assuré et n'ayant plus à redouter que, dans une mesure restreinte, la portion non assurable, les conséquences de l'accident, ne serait plus incité à courir le risque d'une fuite rapide, surtout si cette dernière attitude était frappée de pénalités, dont le produit pourrait aller au fonds de garantie. Avec le développement de l'automobile et pour peu qu'une législation intervienne qui facilite l'assurance de ce risque, comme cela a été fait pour les accidents du travail, la charge de l'obligation imposée aux automobilistes serait légère et ne constituerait pas une entrave à l'essor de ce mode de locomotion. D'ailleurs cette méthode semble avoir la préférence à l'étranger. En Angleterre le gouvernement à déposé un projet de loi rendant l'assurance obligatoire. Aux Etats-Unis la question est aussi à l'étude. Dans ce pays, où l'on assure tout, c'est l'accident d'automobile, risque actif par excellence, qui est le moins couvert, 16 0/0 seulement. Aussi un grand nombre de sinistrés restent-ils sans recours contre les auteurs insolvables.

§ 2. — Action directe de la victime contre l'assureur

En France, en attendant qu'un projet de réforme soit voté et instauré un régime spécial d'indemnisation pour les dommages causés par les automobiles, la jurisprudence récente tend à faciliter à la victime son recours contre l'assureur. A ce point de vue nous trouvons une jurisprudence particulièrement curieuse. Une loi du 28 mai 1913 a créé un privilège au profit de la victime d'un accident sur l'indemnité d'assurance, due par l'auteur de l'accident. Cette loi a ajouté un paragraphe à l'article 2102 du Code civil ainsi conçu : sont privilégiées les créances nées d'un accident au profit des tiers lésés ou de leurs ayants droit sur l'indemnité, dont l'assureur de la responsabilité civile se reconnaît ou a été judiciairement reconnu débiteur à raison de la convention d'assurance. Aucun paiement fait à l'assuré ne sera libératoire tant que les créanciers privilégiés n'auront pas été désintéressés.

Tant par son titre, que par ses termes mêmes, cette loi a eu pour but de créer un privilège en faveur de la victime, en vue de soustraire en cas de faillite de l'assuré, l'indemnité d'assurance au concours des autres créanciers. En outre et pour que ce privilège ne soit pas illusoire, elle a pris la précaution de décréter que le paiement ne serait libératoire qu'à la condition que les créanciers privilégiés aient été désintéressés. Certains ne voient dans cette loi qu'un privilège de plus en faveur d'une créance donnée (1). Ils rappellent notamment les efforts faits par la doctrine pour remédier à l'ancien état de chose qui était pour le moins illogique et regrettable (2). Ces efforts s'étaient heurtés à une opposition déterminée de la jurisprudence qui se basait sur le principe que l'on ne saurait admettre de privilèges sans textes. Désormais la loi crée un privilège auquel elle assure une protection particulière. Mais depuis, comme avant cette loi, aucun lien de droit ne saurait exister entre la victime et l'assureur. L'assuré continue à stipuler dans son intérêt personnel, le contrat d'assurance reste pour le tiers lésé *res inter alios acta*.

Une autre doctrine estime qu'en vertu du nouveau texte la victime possède désormais une action directe contre l'assureur de l'auteur responsable. Cette question s'était d'ailleurs posée précédemment à propos d'une loi antérieure, qui réglait un cas particulier : la loi du 19 février 1889. Dans son article 3, cette loi visait l'attribution de l'indemnité d'assurance du risque locatif ou du recours du voisin. De ce texte, combiné avec l'article 2 de la même loi, il résulte sans aucun doute possible que le propriétaire ou le voisin ont un privilège sur l'indemnité due par l'as-

1. Sainctelette, *Rec. pér.*, 1919, p. 105 ; Conclusions de M. le Substitut Lyon-Caen dans affaire jugée par le Trib. de la Seine, le 4 mars 1924 ; *Rec. pér.*, 1924, p. 136.

2. Notamment Labbé, *Revue critique*, 1876 ; Darras et Tarbouriech, *De l'allocation en cas de sinistre des indemnités d'assurance*.

sureur. Ce point a été admis sans contestation sérieuse, bien que certains émirent l'idée que l'on se trouvait en présence d'un droit de rétention au profit de l'assureur. Par contre le point de savoir, si cette loi conférait une action directe contre l'assureur au profit du tiers lésé a été contesté. D'abord la solution négative fut donnée par la Cour de cassation par un arrêt du 5 décembre 1899. Mais cette décision fut critiquée (1). En effet l'assuré ou ses ayants cause ne peuvent toucher l'indemnité due, qu'à la condition de prouver que le bailleur a été désintéressé, en sorte que ce dernier possède un droit privatif, qui prime tous les autres. Or comment expliquer que ce droit privatif ne soit pas muni d'une action en vue de le faire reconnaître le cas échéant ? Autrement dit, ce serait une étrange subtilité d'obliger l'assureur à conserver une somme dans l'intérêt d'une personne déterminée et en même temps d'empêcher cette personne de la réclamer en justice. Ce qui pourrait être touché à l'amiable si le tiers se présentait à la caisse de la Compagnie peut être réclamé par voie d'action. Au surplus, comme l'a noté M. Planiol, on doit d'autant moins hésiter à adopter la solution d'une action directe que justement le procédé employé par la loi consiste à imiter le résultat que l'on obtiendrait s'il y avait eu une délégation expresse. Les tiers auxquels

1. D. P. 1899.1.457 et la note de M. Thaller. Cf. Paris, 23 juin 1898. D. P. 99.2.256 ; Aubry et Rau, 5e édition, t. III, p. 231, en note.

Contra : Boutrolle, Th. Paris, 1911 ; Sainctelette-Cadere, *op. cit.*

les indemnités sont attribuées peuvent être considérés comme des délégataires légaux. La loi elle-même se servant dans son article 2 de l'expression significative « sans qu'il y ait besoin de délégation expresse », nous nous trouvons donc bien en présence d'une délégation légale. C'est à cette manière de voir que s'est enfin rangée la Cour de cassation, par un arrêt du 17 juillet 1911 (1). La Chambre civile fait sortir de la loi du 19 février 1889 une action directe, au profit du propriétaire de l'immeuble incendié, contre l'assureur. Cette solution a été approuvée par la majorité de la doctrine (2).

Or la loi de février 1889 ne visait qu'un cas particulier; la grande majorité des indemnités dues pour d'autres causes restaient en dehors de ses prévisions. Dans une autre hypothèse en matière d'accident du travail, le législateur intervint à nouveau dans le même sens; la loi du 31 mars 1905, revisant le texte de la loi du 9 avril 1898, décida, dans son article 16 que l'ordonnance du président du Tribunal, où le jugement fixant la rente allouée, doit spécifier que l'assureur est substitué au chef d'entreprise en sorte que les créanciers de la pension doivent directement s'adresser à l'assureur pour en obtenir le paiement. Toutefois il fallait que celui-ci ait été assigné en même temps que le chef d'entreprise. Disposition qui créait des situations singulières et que devait faire

1. D. P., 1912.1.81.
2. Planiol, Note au Dalloz. D. P., 1912.1.81; Colin et Capitant, *op. cit.*, p. 831-832.

disparaître une loi plus générale du 28 mai 1913, qui, revenant en quelque sorte à la loi du 19 février 1899, la généralise et en applique les règles à tous les cas d'accidents de quelques causes qu'ils proviennent.

Le texte de cette loi, chose digne de remarque, est à quelques mots près, la reproduction des articles 2 et 3 combinés de la loi du 19 février 1889. Il ne peut dès lors paraître douteux que, à l'instar de la précédente, elle confère, à la victime d'un accident, un droit propre sur l'indemnité; les raisons que nous avons exposées ci-dessus s'appliquant *mutatis mutandis* aux nouvelles dispositions. C'est ce qu'a jugé la Cour de Paris qui, dans deux arrêts, l'un du 26 février 1918, l'autre du 4 mai 1922 (1), développe le même point de vue « considérant que cette loi du 28 mai 1913 ne fait qu'étendre aux accidents les garanties édictées par la loi du 19 février 1889 en matière d'incendie et autres, que cette loi investit en réalité le créancier d'un droit propre sur le montant de l'assurance pour le recouvrement des sommes qui lui sont dues; que l'assureur ne peut en effet se dessaisir des indemnités dues avant que le créancier n'ait été désintéressé; qu'il suit de là que le créancier a une action directe contre la compagnie qui a garanti les conséquences de l'accident imputé à son assuré ». Ce point de vue paraît parfaitement motivé. Il a pour lui la décision précitée de la Chambre civile de 1911, qui, bien que se référant à la loi du 19 fé-

1. *Rec. pér.*, 1919, p. 101 ; 1922, p. 239.

vrier 1889, constitue un argument par analogie d'un très grand poids (1). Néanmoins cette manière de voir rencontre des opposants qui veulent que cette loi n'ait eu d'autre but et d'autre objet que de régler l'attribution de l'indemnité, laquelle serait attribuée de préférence à la victime.

A cette manière de voir se sont ralliées notamment la Cour de Paris (9e Ch.) dans un arrêt du 11 décembre 1925 et la Cour de Caen dans un arrêt du 9 mai 1925 (2). Ces deux juridictions invoquent, comme principal argument, que l'interprétation tendant à donner une action directe à la victime est en contradiction avec l'intention du législateur, telle qu'elle s'est manifestée au Sénat; le rapporteur et le garde des sceaux ayant été d'accord pour spécifier que le nouveau texte ne devait entraîner aucune modification au contrat d'assurance, qui demeurait *res inter alios acta* au regard de la victime. Le rapporteur en effet avait proposé la suppression de la phrase ainsi conçue : « l'assureur ne sera libéré que par un paiement par lui fait au créancier ou à ses ayants droit ou par la justification d'un paiement direct fait à l'assuré », en prétendant que cette phrase laissait entendre que la loi créait non seulement un privilège, mais apportait une modification au contrat d'as-

1. Dans ce sens Adde : Trib. civ. de la Seine. *Gaz. Pal.*, 1924.2.615; Trib. comm. de Roubaix, *Gaz. Pal.*, 1925.1.622; C. de Besançon, *Gaz. Pal.*, 1925.2.70.

2. C. de Caen, *Gaz. Pal.*, 1925.2.329; C. de Paris. *Gaz. Pal.*, 1925.2.329.

surance pour en faire une stipulation pour autrui. La dite phrase fut donc supprimée. En cours de discussion, M. Th. Richard réclama l'insertion de la phrase actuelle en faisant toutefois observer qu'il était bien entendu qu'on ne changeait pas la nature du contrat. Mais la phrase rétablie ressemble étrangement à celle dont M. de Langenhagen demanda la suppression : elle tend au même but et signifie exactement la même chose (1). Or quelle importance convient-il de donner à une phrase ou à une idée exprimée dans la discussion par un membre d'une assemblée législative ? Est-elle susceptible à elle seule d'empêcher l'évolution d'une notion juridique ? C'est lui donner une bien grande importance. Au surplus, l'auteur de la proposition de loi avait, dans l'exposé des motifs, très bien dégagé l'orientation de la jurisprudence moderne qui tend à donner un droit à la victime au moyen d'une délégation légale et le texte qu'il avait proposé et qui fut voté par la Chambre était la reproduction à peu de chose près du texte de la loi du 19 février 1889. L'intervention de M. Richard a rétabli ce texte dans son esprit. Quant à la réserve qu'il a faite, elle ne signifie qu'une chose, c'est qu'il s'est mépris sur la portée et la signification véritable de son intervention. La loi ne saurait être l'expression de l'intention de quelqu'un. L'interprète doit avant tout s'en tenir au texte et dans le cadre de la technique juridique en se référant aux antécédents

1. D. P., 1913, L. et Déc., p. 49.

et à l'évolution du droit donner une interprétation qui réponde aux nécessités du temps (1). En s'en tenant au texte voté : « aucun paiement fait à l'assuré ne sera libératoire tant que les créanciers privilégiés n'auront pas été désintéressés », on ne saurait en contester l'analogie avec l'alinéa de l'article 3 de la loi du 19 février 1889.

Or on considère que cette loi a reconnu au tiers lésé un droit privatif sur l'indemnité due en vertu d'une délégation légale. On doit être conduit naturellement à admettre une opération juridique identique pour le cas présent, si l'on ne veut pas faire perdre toute signification au texte examiné. En effet l'argumentation que nous avons précédemment donnée pour justifier l'octroi de l'action directe se retrouve ici. Comment admettre qu'un individu aura un droit privatif sur une chose et par ailleurs n'aura aucune action pour mettre ce droit en œuvre, ou le faire reconnaître ? C'est un point de vue bien étrange de vouloir ne voir là qu'un privilège ? Que deviendra, en effet, ce privilège si son bénéficiaire n'a aucune action qui permette de lui faire atteindre son résultat final ? Ce bénéficiaire sera à la merci de combinaisons plus ou moins louches, ou bien encore de la mauvaise volonté, soit de certains assureurs, qui lui proposeront des transactions onéreuses, soit plus souvent de l'assuré, comme nous en trouvons un exemple dans une affaire, qui s'est présentée récem-

1. Demogue, *Rev. trim.*, 1925, p. 892.

ment devant le tribunal de la Seine, où se révèle l'importance de cette action directe, laquelle permettrait de protéger la victime contre certaines clauses particulièrement dangereuses de déchéance.

Les polices d'assurance, en effet, même les plus libérales, fourmillent de clauses de déchéance, qui pour prendre une expression caractéristique de M. Lyon-Caen, ministère public dans cette affaire, « constituent pour l'assuré peu averti un véritable traquenard (1) ». Cet état de chose bien connu a été maintes fois dénoncé, au point qu'à plusieurs reprises, la réglementation du contrat d'assurances par la loi a été réclamée (2). En attendant cette réglementation les tribunaux ont toujours cherché, dans la mesure où leur permettaient les termes mêmes des polices, généralement très minutieusement rédigées, à réagir contre la situation favorable que se réservent les sociétés d'assurances. Dans le domaine de l'assurance responsabilité les déchéances peuvent découler : soit de faits antérieurs, par exemple non paiement des primes, déclarations inexactes, réticences d'ordres divers ; soit au contraire de faits postérieurs, tels la non indication à l'assureur de la poursuite commencée par la victime contre l'assuré, ou fait de ne pas confier à l'assureur la direction du procès. Ces déchéances, qui ont pour résultat de rendre caduc le contrat d'assurance, sont une source de danger pour la victime, qui risque de voir disparaître la garantie

1. Concl. cit.
2. Colin et Capitant, *op. cit.*, p. 670-671, en note.

d'indemnité à laquelle elle a droit. On comprend dès lors l'intérêt qu'elle peut avoir à faire reconnaître par les tribunaux que certaines clauses, qui peuvent être opposées à l'assuré, ne lui sont pas opposables.

C'est cette question particulièrement délicate qui s'est posée pour la première fois devant le Tribunal civil de la Seine, lequel a rendu sur ce point un jugement intéressant en date du 4 mars 1924 (1). Un sieur Mulhauser avait contracté auprès d'une compagnie d'assurance, l'« Urbaine et la Seine », une assurance de responsabilité contre les dommages qu'il pouvait causer aux tiers. Il occasionna un accident au cours duquel le sieur de Montgascon fut blessé. Cité en correctionnelle, il s'entendit condamner à différentes peines, ainsi qu'à des dommages-intérêts envers la victime. Une clause de la police portait qu'en cas de poursuite l'assuré s'engageait à transmettre, dès réception et dans les quarante-huit heures, toutes pièces, lettres, convocations, etc..., qui lui seraient signifiées personnellement, sous peine de déchéance.

L'assuré négligea d'obéir à cette prescription. Celui-ci, étant devenu par la suite insolvable et se trouvant sans domicile connu, la victime, se tournant vers la Compagnie d'Assurances, lui demanda le paiement de l'indemnité prévue par le contrat, arguant que la clause de déchéance, qui effectivement s'était trouvée réalisée ne lui était pas opposable. M. Lyon-Caen, qui occupait le siège du ministère public, dans ses ob-

1. Jug. cit.

servations a conclu au débouté de la demande pour cette raison majeure que même en admettant, point sur lequel d'ailleurs il se garde de prendre parti, que la victime puisse prétendre à un droit privatif pour recouvrer l'indemnité due, elle ne le pourrait que sous réserve des déchéances incluses dans le contrat qu'elle invoque. Cette façon de poser la question nous semble critiquable car admettre que la victime a un droit privatif sur l'indemnité c'est nécessairement admettre que ce droit s'il existe ne peut se concevoir sans une action directe de la victime qui en permette l'exercice. Alors dans l'espèce indiquée se poserait uniquement le point de savoir si un tel droit a pu naître. Or l'événement qui a pu faire naître ce droit c'est l'accident. M. Lyon-Caen est d'accord sur ce point. Mais à cette époque la déchéance n'a pu jouer (2 juin 1920), ce n'est que le 16 juin 1921 que la déchéance a été encourue. Donc la question reste entière et suppose qu'aucun droit privatif n'est reconnu à la victime. Aussi nous semble-t-il que le distingué magistrat tourne dans un cercle vicieux quand il déclare quelques lignes plus loin : « Droit propre, action directe, tant qu'on voudra; mais droit propre, action directe supposant un objet d'indemnité ». Aussi bien toute son argumentation par la suite revient à montrer qu'aucune théorie juridique n'est susceptible d'expliquer la concession d'une action directe à la victime. Or c'était là justement un point sur lequel, primitivement, il n'entendait pas prendre parti.

Cette observation mise à part, c'est bien en effet le point central du problème, la victime peut-elle trouver dans le contrat d'une part, et dans les textes législatifs d'autre part, l'existence d'un droit propre, ce qui implique l'existence d'une action directe lui permettant de se retourner contre l'assureur? Ce point, ainsi que nous l'avons montré précédemment, ne paraît pas douteux étant donné le texte de la loi du 28 mai 1913, la jurisprudence antérieure sur la loi du 19 février 1889 concernant un cas analogue, dont la loi de 1913 n'a fait que généraliser les dispositions. Dès lors point n'est besoin de rechercher une construction juridique permettant d'expliquer ce droit propre, nous sommes purement et simplement en présence d'une délégation légale. C'est ce qu'a fort bien rappelé le Tribunal de la Seine qui reprend l'argumentation de la Cour de Paris dans l'arrêt du 26 février 1918 : « Attendu que la police d'assurance a été contractée sous l'empire de la loi du 28 mai 1913; qu'il est généralement admis que cette loi, qui a créé au profit de la victime d'un accident un privilège sur l'indemnité due par l'assureur et édicté qu'aucun paiement fait à l'assuré ne serait libératoire, tant que le créancier privilégié ne serait pas désintéressé, a conféré au tiers lésé un droit propre sur l'indemnité d'assurance et une action directe contre l'assureur et en somme institué au profit du tiers lésé, créancier de l'assuré, une délégation légale de la créance de garantie de l'assuré contre l'assureur. » Cette interprétation est dans la logique de l'évolution jurisprudentielle qui est arrivée à reconnaître pour certaines créances d'assurances privilégiées un droit propre comportant une action directe. Elle nous paraît d'autant plus forte qu'elle s'appuie sur une construction juridique nettement déterminée. L'opération en vertu de laquelle naît le droit de la victime s'analyse parfaitement comme constituant une délégation légale, délégation dont le même jugement met bien en lumière le rôle : « la caractéristique essentielle de toute délégation étant de créer entre le délégué et le délégataire un engagement indépendant et distinct de celui qui liait le délégué au déléguant (1). » Désormais entre le délégué et le délégataire existe un lien de droit et ce fait comporte une conséquence importante : du jour où intervient la délégation, le délégué ne peut plus opposer au délégataire les exceptions et moyens de défense qu'il aurait contre le déléguant.

Dès lors dans la question qui nous occupe, reste à déterminer à quelle époque se produit la délégation au profit du tiers lésé. Ainsi que nous le montrions cidessus aucun doute ne paraît possible. Le moment où un pareil droit peut naître ne peut-être que celui où l'accident venant d'avoir lieu la victime doit pouvoir obtenir la réparation du préjudice subi. A cet instant son droit à réparation est né. Comme par ailleurs l'assuré en vertu du contrat d'assurance a stipulé que l'assureur serait tenu en son lieu et place du paiement des réparations, qui seraient la consé-

1. Colin et Capitant, *op. cit.*, p. 109 et suiv.

quence d'un accident, au même moment également, la créance d'indemnité est due par l'assureur et cette créance constitue l'objet du droit de la victime. Sans doute cette indemnité n'est pas déterminée dans son quantum, ni dans ses modalités de versement. Elle n'en existe pas moins, si elle a été prévue et stipulée dans un contrat valable au moment de l'accident. C'est ce que suppose la loi Pourquoi lire dans son titre, ou dans le corps de la loi « indemnité due », comme impliquant nécessairement que l'indemnité doit être due toujours en vertu du contrat à l'époque de la contestation en justice? Les tribunaux ne créent pas l'indemnité, ils ne font que constater l'existence du droit à réparation et en déterminent les modalités. La formule « indemnité due » doit s'entendre indemnité qui aura été arbitrée, mais dont l'existence remonte au jour de l'accident. C'est à ce moment-là que naît le droit de la victime et si une indemnité est prévue par un contrat d'assurance, en vertu de la délégation légale, ce droit a désormais pour objet cette indemnité. C'est ce que dit encore en excellents termes le tribunal : « Attendu que l'obligation est née au moment où le dommage a été causé, c'est-à-dire au moment de l'accident, que pareillement c'est à ce moment où le risque est réalisé que l'obligation de l'assureur, de conditionnelle et éventuelle qu'elle était, en vertu de la police, est devenue certaine, ferme et définitive; que c'est à ce même moment que par l'effet de la loi s'est opérée la délégation. » Evidemment, si le contrat d'assurance est nul ou résilié, par suite d'une échéance ou d'une clause de résiliation antérieure, on se trouve en présence du néant. Le droit de la victime n'aurait plus d'objet, il s'exercerait dans le vide. Mais tout autre est la situation si au jour de l'accident le contrat est valable. A ce moment il existe une indemnité d'assurance, aussitôt en vertu de la délégation le droit de la victime s'exerce sur cette indemnité qui est en quelque sorte sortie du patrimoine de l'assuré. Et comme un nouveau lien de droit est né entre le délégué et le délégataire, que ce lien est indépendant de celui qui liait le délégué au déléguant, dès lors toutes les déchéances qui peuvent jouer postérieurement en vertu du contrat d'assurance ne peuvent être opposables à la victime. C'est la thèse qu'a admise le tribunal de la Seine et la Cour de Besançon (1).

Cette nouvelle jurisprudence, nouvelle en matière d'assurance responsabilité accident, est une manifestation de plus de la tendance des tribunaux à lutter contre les clauses qui mettent l'assuré, comme le tiers lésé, à la merci des compagnies. Cette tendance est d'ailleurs celle du législateur. Protéger la victime dans des hypothèses de plus en plus nombreuses, telle est la raison des lois que nous avons énumérées. En sorte que comme le remarque M. Demogue : au lieu de chercher des moules juridiques créés par les conventions, on peut dire plus simplement la loi a entendu donner plus de garantie à la

1. Cour de Besançon, cit.

victime lorsqu'il y a assurance et lui transférer la créance au jour de l'accident. Il faut donc la détacher du contrat, l'empêcher d'être atteinte par une déchéance postérieure. Le législateur a fourni le moyen, la jurisprudence s'en servant a fait des textes une saine application (1).

Si cette jurisprudence acquiert droit de cité, dorénavant les clauses de déchéances postérieures aux accidents ne seront pas opposables aux tiers lésés. Si l'on veut bien remarquer que celles-ci étaient les plus dangereuses, le sort des victimes se trouve amélioré dans une mesure appréciable. C'est là une conséquence qu'il importait de souligner et qui montre également l'importance pratique de la reconnaissance d'une action directe à la victime contre l'assureur.

1. Demogue, *Rev. trim.*, 1924, p. 996.

BIBLIOGRAPHIE

OUVRAGES GÉNÉRAUX

Colin et Capitant. — Cours élémentaire de Droit Civil, 4e Edition, Dalloz.

Planiol. — Traité élémentaire de Droit Civil.

Demogue. — Traité des obligations en général.

Bonnecase. — Suppléments au Traité de Droit Civil de Baudry-Lacantinerie, L'Ecole de l'Exégèse en Droit Civil.

Aubry et Rau. — Cours de Droit civil français, 5e édition, revu par M. Bartin.

Josserand (L). — Les Transports en service intérieur et en service international.

Duguit. — Traité de Droit Constitutionnel.

Faye (E.). — La Cour de Cassation.

Bettrémieux. — Essai historique et critique sur le fondement de la responsabilité en droit français, th. Lille, 1921.

Lacoste. — La chose jugée.

Garraud. — Précis de Droit criminel. Traité de Droit Pénal.

Cadere. — Théorie et pratique de l'assurance responsabilité.

Delmas. — Etude de l'assurance responsabilité.

Sumien (P.). — Traité théorique et pratique des assurances terrestres et de la réassurance. Dalloz.

OUVRAGES SPÉCIAUX

Blaisot. — Commentaire juridique et pratique du Code de la Route.

Sainctelette. — Responsabilité des propriétaires et conducteurs d'automobiles, 1908.

Imbrecq (J.). — L'automobile devant la justice, 1910.

Coulon. — Responsabilité en matière d'accidents d'automobile. Th. Paris, 1907.

Arnette. — De la responsabilité du propriétaire de véhicules. Th. Paris, 1908.

Rolland (H.). — De la responsabilité des conducteurs de véhicules en cas d'accidents. Th. Paris, 1908.

Gandillot. — De la responsabilité en matière d'accidents d'automobile. Th. Paris, 1911.

Poidebart. — La circulation des automobiles. Th. Paris, 1913.

Lemoine. — Responsabilité civile des propriétaires d'automobiles. Th. Paris, 1909.

Dupont. — Responsabilité en matière d'accidents d'automobile. Th. Caen, 1910.

Pierron. — Responsabilité des accidents d'automobile au point de vue civil et pénal. Th. Montpellier, 1909.

TABLE DES MATIÈRES

7427 - Impr. Jouve et Cie, 15, rue Racine, Paris - 6-26

www.ingramcontent.com/pod-product-compliance
Ingram Content Group UK Ltd.
Pitfield, Milton Keynes, MK11 3LW, UK
UKHW020602180726
13838UKWH00001B/383

9 782329 198743